AUTONOMÍA DE LOS PUEBLOS INDIOS Y ZAPATISMO EN MÉXICO

Autonomía de los pueblos indios y zapatismo en México

Gilberto López y Rivas

ocean
sur
O

7 SEVEN STORIES

New York • Oakland • London

Seven Stories Press/Ocean Sur
140 Watts Street
New York, NY 10013
www.sevenstories.com

ISBN: 978-1-925019-14-8

153010840

Índice

INTRODUCCIÓN
Los referentes teóricos

La cuestión nacional: Estados-nación

Los Estados-nación, entendidos como organizaciones jurídico-políticas que cuentan con un territorio determinado, un aparato burocrático-administrativo, una lengua oficial, un ejército y una moneda común, son formaciones modernas. Su lento surgimiento y consolidación se debió a la confluencia de factores de distinta naturaleza, tales como el establecimiento del derecho positivo y su dominio sobre el consuetudinario, la escisión entre el derecho positivo y la moral, la separación entre el arte y la religión, entre el poder religioso y el político, entre la economía doméstica y la pública, el surgimiento de nuevas fuentes de legitimidad, como el «consenso», plasmado en ordenamientos jurídicos (constituciones) y, algo fundamental, el surgimiento del estatus de pertenencia a una nación.

En el campo económico, la progresiva consolidación del Estado moderno va a ser favorecida por la expansión del mercantilismo, el intercambio y la fusión efectiva de regiones diversas, la nueva división social del trabajo, la creciente circulación de mercancías, la producción agrícola cada vez más destinada a la venta, así como el fortalecimiento de los mercados regionales que en su interrelación van integrando el mercado nacional. Todo ello, va a constituir un poderoso factor de unificación nacional en el que el Estado juega un papel fundamental como instrumento político que se impone una doble tarea: centralizar-unificar / centralizar-uniformar.

No es difícil identificar distintas naciones bajo el dominio de un mismo Estado, como sería el caso de España, o la confluencia de diferentes Estados en una misma nación, como lo que fueron algunos Estados balcánicos surgidos a partir de la primera y la segunda guerras mundiales.

A diferencia del Estado, cuya unidad y fortaleza dependen en gran parte del monopolio de la violencia física y presumiblemente legítima, la nación se caracteriza por tener una comunidad de cultura, impuesta a través de diversos mecanismos, como la instrucción pública y una lengua que deviene en dominante; la conciencia de pertenencia por parte de los sujetos que la integran (que se expresa en sentimientos patrióticos o nacionalistas de diverso grado de profundidad y alcance); y un proyecto que se asume común de carácter fundacional y un territorio específico. Esto no significa que el Estado forzosamente carezca de ellos, pero no necesariamente un Estado reúne estos factores constitutivos. Esto es, mientras la integración del Estado descansa fundamentalmente en la coerción, ya sea jurídica y/o militar, la integración de la nación descansa en el sentimiento de pertenencia y por tanto en la voluntad.[1]

Con el surgimiento de los Estados-nación modernos encontramos el fenómeno de una yuxtaposición entre ideas de nación distintas. Por un lado, se encuentran las etnias históricas u *originales* con diversos grados de continuidad y ruptura, tanto reales como míticas; por otro, las naciones creadas o hegemónicas. Las primeras, son aquellas en las que el sentido de pertenencia se genera a través de los usos y las costumbres heredados de generación en generación. El proyecto de nación que en ellas impera proviene de las demandas y necesidades de la población que las integra. Se trata de proyectos fundamentalmente endógenos. En cambio, las naciones creadas o hegemónicas, para el caso de América Latina, provienen de procesos de ruptura de las clases dominantes de territorios que fueron conquistados y colonizados respecto de las metrópolis. Ocurre con los criollos que en los territorios de la Corona Española comienzan a tomar distancia de los peninsulares, a disputar mayores espacios políticos y a cuestionar las prebendas económicas de los peninsulares. Se trata de la generación de una conciencia nacional que si bien involucra a clases y sujetos sociales dominados mediante la construcción de un discurso público[2] igualitario, independentista y liberador, al mismo tiempo, las mantiene subordinadas a los intereses económicos y políticos de la burguesía en formación.

La homogeneización de la sociedad nacional nunca consistió, de hecho, en una convergencia de las distintas culturas y modos de vida regionales, o uno que los sintetizara, sino en la acción de un sector dominante de la sociedad que, desde el poder central, impuso su forma de vida sobre los demás. Los nuevos Estados nacionales se forman a partir del programa decidido por un sector social que se propone la transformación del antiguo régimen para formar una sociedad homogénea. Es el proyecto de las monarquías ilustradas primero, el de una clase media «revolucionaria» después, el que crea el Estado-nación desde el poder. En las viejas monarquías corresponde a los intereses de una burguesía ascendente frente a la aristocracia; en los países colonizados a una *intelligentsia* autóctona occidentalizada. En todos los casos, el Estado-nación nace de la imposición de los intereses de un grupo sobre los múltiples pueblos y asociaciones regionales y locales que coexisten en un territorio. Las antiguas identidades basadas en la pertenencia étnica comunal, la familia, el gremio o la corporación quedan subsumidas en la nueva identidad basada en la nación y el Estado, y en la realidad imperativa y las lealtades primordiales de las nuevas clases sociales y la lucha de clases. El tránsito al Estado-nación consolida también un dominio político.[3]

De estos procesos modernizadores que dan origen a los Estados-nación, se genera la exclusión y negación de aquellos sujetos sociales y políticos pertenecientes a las etnias históricas y pueblos *originales* sobre los cuales se erigen los proyectos hegemónicos emergentes. Son proyectos hegemónicos en el sentido gramsciano de legitimidad, pues para garantizar estabilidad y gobernabilidad en estas nuevas naciones se requiere, tanto la existencia de un Estado que detente para sí el monopolio de la violencia física considerada *legítima,* como la recuperación de algunos elementos culturales de las etnias y los pueblos sojuzgados para la constitución de un *folklore* que genere en el imaginario colectivo, la idea de un Estado plural o con raíces en el pasado. Sin embargo, los diversos intentos por legitimar la imposición de un proyecto de nación moderna sobre otros previamente existentes nunca son suficientes como para eliminar las resistencias que sujetos políticos o sectores sociales pertenecientes a otras etnias o arraigados a historicidades diversas y a un entorno pluricultural y pluriétnico, pueden generar frente al sistema político.

> Desde el propio surgimiento de las sociedades nacionales tenemos la presencia de otro sujeto sociopolítico, conformado por las clases explotadas y marginadas, las clases desposeídas, obreros, campesinos, sectores de la intelectualidad, las entidades socio étnicas subordinadas. Este conjunto de clases y grupos sociales, que forman el pueblo, va integrándose a los procesos de conformación de la nación en una permanente lucha por sobrevivir y desarrollarse, por romper con los esquemas de dominación y explotación capitalistas.[4]

He utilizado la categoría «nación-pueblo» para referirme al proceso de construcción de una nación alternativa a la hegemónicamente existente y en el cual pueden participar potencialmente todos aquellos sujetos políticos que de una u otra forma están siendo marginados, excluidos o negados por el Estado.[5] En los Estados-nación pluriétnicos, como lo es México, la emergencia de la nación-pueblo es más compleja que en aquellos Estados-nación donde la identidad cultural tiende a ser mucho más homogénea. De hecho, una de las características fundamentales del Estado-nación es la tendencia a la homogeneización cultural, aunque también actúa una tendencia diferenciadora en circunstancias regionales y nacionales que favorezca los intereses de las clases dominantes.

Una diferencia importante entre el Estado-nación y la nación-pueblo son sus mitos fundadores. Mientras el primero necesita de mitos y símbolos[6] que generen sentimientos de pertenencia comunes; la nación-pueblo, más que sustentarse en mitos, se vincula mediante ideas liberadoras y utopías a partir de las cuales se puede proyectar en un futuro mediato o de largo aliento, a la reconstrucción del Estado-nación opresor.

Recapitulando, destaco en el siguiente cuadro los procesos que intervienen, interactuando y simultáneamente, en la constitución de la nación, en un momento histórico preciso, el origen, desarrollo y consolidación del capitalismo:

a) Como producto de la lucha de las clases que emergen con el capitalismo.

b) Como producto de la consolidación de un sistema de hegemonía nacional de clases en un ámbito territorial, a través de la imposición de un orden jurídico que introduce la igualdad formal ante al la ley y universaliza la ciudadanía.

c) Como resultado de dos tendencias que se atraen y se repelen: universalismo versus particularismo, homogeneización versus diferenciación.

d) Como eslabón o mediación entre las determinaciones que están en la base del concepto simple de capital. Capital: muchos capitales en competencia; no hay un capital universal; por su naturaleza es a la vez universal y fragmentado en muchos capitales.

e) Carácter universal y civilizatorio versus fragmentación en capitales: integracionismo-cosmopolitismo particularismo-nacionalismo.

Las autonomías

Las autonomías, tal y como las concebimos en nuestra América Latina, son procesos de resistencia en los cuales etnias, pueblos y naciones soterradas o negadas recuperan o fortalecen su identidad mediante la reivindicación de su cultura, el ejercicio de derechos colectivos y el establecimiento de estructuras político-administrativas con ámbitos y competencias propios.

Las autonomías no están dadas. No existen *per se*. Por el contrario, adquieren razón de ser en cuanto se consolidan, durante la modernidad, los Estados-nación. La construcción de la conciencia de lucha por la autonomía tampoco se genera de la noche a la mañana. Para que se convierta en una demanda política y cultural se requiere de uno o varios sujetos autonómicos que la hagan suya.

> La autonomía tendrá que irse construyendo, junto al sujeto autonómico, en la lucha por espacios políticos, sociales, económicos y culturales en los niveles locales, nacionales e internacionales; en las reformas jurídicas para lograr crear las condiciones, ahora, de un ejercicio autonómico; en la capacidad de adaptar campos de competencia y la delegación de atribuciones y responsabilidades propios de un régimen de autonomía a las tradiciones y los marcos constitucionales, y a las condiciones históricas de nuestros países; en la necesidad de incorporar a los distintos grupos regionales en un proyecto democrático de autonomía.[7]

Las autonomías, sea cual sea su naturaleza, son procesos de negociación entre los sujetos autonómicos que, a raíz de las relaciones de dominación en que se finca el Estado-nación, van adquiriendo conciencia de la necesidad de preservar su identidad y reconstituir sus instituciones. Hablamos de negociación, no en el sentido de sacrificar convicciones o principios, sino en el sentido de avanzar en la resistencia que pretende frenar los intentos homogeneizadores del Estado-nación conforme a la ideología liberal del proyecto burgués imperante.

Ciertamente existen algunos valores provenientes de la filosofía liberal que pueden ser rescatados en aras de la construcción de un proyecto nacional popular. Estos son valores como tolerancia, democracia, justicia, libertad. Sin embargo, valores tales como la igualdad jurídica formal, la competencia, el individualismo posesivo y la omisión del Estado respecto sus responsabilidades sociales, ponen en peligro la existencia y reproducción de otros valores culturales, económicos, jurídicos y político-administrativos provenientes de historias múltiples, cosmogonías diversas, formas de organizar los asuntos públicos conforme a usos y costumbres que no necesariamente son compartidos por el proyecto hegemónico de nación.

El término autonomía proviene del griego *auto* que significa «mismo» y de *nomos* que denota «norma», lo cual es interpretado de manera acertada por René Kuppe como «los arreglos político-legales que conceden a una entidad pública dentro de un Estado el derecho a actuar independientemente de la influencia directa del poder político central o nacional». A estos arreglos político-legales los consideramos procesos de negociación.

Ahora bien, las reivindicaciones de la autonomía tienen distinta naturaleza: pueden ser de carácter étnico, racial o nacional. Y territorialmente se pueden expresar como intrarregionales, regionales, municipales y comunales.

En el caso de América Latina, y particularmente de México, las reivindicaciones por la autonomía han tenido expresiones mono y pluriétnicas (yaquis, huicholes, tojolabales, mames, tzotziles y otras) y territorialmente se han reivindicado como regionales, municipales y comunales. De hecho, con la salvedad de que más adelante nos detengamos a profundizar sobre el conflicto existente entre el Ejército Zapatista de Liberación Nacional (EZLN) y el gobierno federal, cabe mencionar que a lo largo del accidentado proceso de negociación, actualmente suspendido, el EZLN ha logrado la consolidación de diversos municipios autónomos en el estado de Chiapas e incluso la instalación de las Juntas de Buen Gobierno. Algunos de esos gobiernos municipales fueron desmantelados por las administraciones pasadas del gobierno federal, otros viven el acoso y hostigamiento cotidianos del ejército y los grupos paramilitares hasta la actualidad, después de dos sexenios de la «alteridad» panista, y ahora con el retorno del PRI «renovado» del presidente impuesto, Enrique Peña Nieto. También hemos presenciado, por parte otras organizaciones de los pueblos indios de Chiapas, demandas de autonomía regional. El 12 de octubre de 1994, el Consejo Estatal de Organizaciones Indígenas y Campesinas de Chiapas (CEOIC) establece la autonomía en seis regiones pluriétnicas del estado, dada la necesidad de promover programas de desarrollo político, económico, social y cultural de los pueblos comprendidos en las mismas a fin de eliminar las distintas manifestaciones de discriminación, opresión y explotación. Asimismo, las demandas por la autonomía y la libre determinación fueron fundamentadas por la CEOIC con base en el Art. 39 constitucional en el que se establece la facultad soberana del pueblo para decidir en todo momento la forma de su gobierno.

En la historia reciente de México, no se han presenciado demandas de autonomía de connotación estatal; esto es, bajo expresiones abiertamente separatistas, como se ha experimentado en algunos países europeos. Aunque los gobiernos federales que se han sucedido han realizado campañas importantes de «desinformación» para tergiversar las demandas de los pueblos indios de Chiapas y de otros pueblos representados en el Congreso Nacional

Indígena (CNI), con el fin de confundir a la opinión pública entre separatismo y autonomía, en ningún momento estos sujetos políticos emergentes se han propuesto separarse del Estado mexicano. Lejos de ello, han propuesto en su proceso de negociación, la autonomía y la libre determinación como derechos que deben ser incluidos en la Constitución Federal. Esto implica un reconocimiento tácito y explícito de formar parte de la nación mexicana. Pero no del proyecto de nación actualmente hegemónico que ha vulnerado con su política económica el carácter pluricultural y pluriétnico del Estado; sino como parte de una nación que, si bien está por construirse, no niega los usos y las costumbres que vienen ejerciendo de generación en generación los pueblos indios.

Rescatando la dimensión de la «intensidad de autonomía», propuesta por Kuppe, el EZLN viene impulsando un proceso de autonomía que dé la posibilidad de participar políticamente de manera equivalente a otras instancias de decisión existentes.[8] Pero dicha intensidad no llega al grado de proponer la independencia respecto al Estado-nación, y tampoco se demanda el desconocimiento de la Carta Magna, sino su reformulación para ser incluidos.

Entre otros aspectos actualmente puestos a debate en las demandas de autonomía, se encuentra de manera preponderante el de la territorialidad. En el proceso de constitución de lo nacional se fragmentó unilateralmente el territorio, desconociendo, sin más, el derecho de los pueblos indígenas sobre el mismo. De tal manera que lo que la autonomía busca, entre otras cosas, pero de manera fundamental, es garantizarles a los pueblos indios, en el ámbito constitucional, un territorio a partir del cual hacer posible su reconstitución y desarrollo. (Ver Anexo No. 1, p. 189).

Desde luego que ello representa una problemática sumamente compleja, que en los hechos significa una pugna permanente por la tierra-mercancía, problemática agravada en última instancia por la concepción individualista sobre la posesión que la Constitución ampara después de las contrarreformas al artículo 27 realizadas por Salinas en 1992, y por modificaciones, entre otras, a la Ley Minera, frente a nociones colectivistas predominantes en los pueblos y las comunidades indígenas.

Lo que el Estado liberal de mediados del siglo XIX tiene proyectado para las comunidades indias es su paulatina «integración» o «incorporación» a las pautas y estilos de vida del liberalismo europeo: la sujeción a un derecho que consagra la propiedad privada, la preeminencia del individuo sobre la colectividad, la condición de ciudadano libre para acceder al mercado y a la libre competencia y otras. En suma, la incorporación del indio al «desarrollo» y al «progreso». Lo que significa, por supuesto, el abandono obligatorio de sus prácticas y costumbres, muchas de ellas de origen prehispánico, otras desarrolladas a lo largo de los trescientos años que duró el periodo colonial y aquellas que van adquiriendo en su calidad de entidades sociales dinámicas y en permanente desarrollo.

La cuestión étnica

La cuestión étnica es parte constitutiva de la cuestión nacional en el sentido que la composición etnolingüística, nacional, racial y cultural de la nación es un factor fundamental en la construcción de la misma, tanto para su estudio como para las acciones políticas que en ese terreno se realicen. Esto significa que hacemos una distinción entre lo étnico y lo nacional.

Varias corrientes antropológicas y de la Etnografía Teórica utilizan indistintamente el término étnico o *ethnos* para referirse tanto a pequeñas entidades, como tarahumaras o lacandones, como a grandes conglomerados humanos, como mexicanos o noruegos.

Tomemos, a manera de ejemplo, la definición que ofrece Yu V. Bromley[9] de su concepto de *Ethnos*, en su sentido estricto, como «un grupo estable de personas que tienen en común características relativamente estables de cultura, incluido lenguaje y psicología, así como una conciencia de su unidad y diferencia de otras formaciones similares que se expresa en un etnonimo», para darnos cuenta de la dificultad para distinguir, a partir de esta definición, la especificidad entre grupos de diversa naturaleza étnica y nacional. De la misma manera, Rodolfo Stavenhagen, Federick Barth[10] y otros antropólogos no identifican diferencias de este tipo en el uso de sus conceptos.

Esta utilización genérica del término étnico o etnia para denominar a poblaciones con características territoriales, culturales, económicas y políticas de muy diferente grado de complejidad y naturaleza en extensión y en profundidad no parece adecuada para el análisis científico, y mucho menos para la interpretación política de esta problemática.

En primer término hay que considerar que no obstante que el proceso nacionalitario o de formación de naciones constituye un verdadero cataclismo para las etnias existentes, y que a partir de este proceso se dan cambios sustanciales en la dinámica interna y en la composición de estos grupos, lo cierto es que las etnias son, desde el punto de vista de su aparición histórica en las formaciones sociales, previas a la aparición de las naciones. Tal como lo señala José Luis Najenson:

> El origen o el momento inicial de la emergencia histórica de la etnia como formación social, como «sociedad particular» [...] fue siempre previo, en cada caso al surgimiento de naciones y/o Estados nacionales, que entendidos como procesos, son concomitantes en general, al desarrollo o penetración del capitalismo y la sociedad burguesa en el viejo y nuevo mundo.[11]

Esto es en cuanto a la dimensión histórica del concepto. Una vez que se inicia el proceso nacionalitario, las etnias entran en profundas transformaciones, que incluyen la extinción de muchas de ellas, o su incorporación a nuevos procesos de etnogénesis y de formación de nacionalidades, de los que se derivan la mayoría de las etnias y grupos nacionales actuales.

En este sentido, y desde la dimensión no solo histórica sino también teórica del concepto de etnia, lo étnico se diferencia de lo nacional, e incluso, en los casos de los grupos étnicos en el sentido estricto, lo étnico se presenta como contrapuesto a lo nacional, esto es, se define, por oposición o por diferencia, que puede ser de grado, con lo nacional. En este contexto, elaboramos una clasificación que pueda dar cuenta de las diferencias existentes entre distintas unidades socioculturales en el interior de los Estados-nación, a saber, *etnias: grupos étnicos y étnico-nacionales.*

Los grupos étnicos constituyen sistemas socioculturales diferenciados en el interior de la nación, basados en estructuras de organización comunal. Generalmente son grupos cuyo origen lingüístico se remonta a un tiempo histórico precapitalista y en los que se da una importancia relativa, en la organización socioeconómica, a las relaciones de parentesco; asimismo, tenemos el predominio y la tendencia a la endogamia.

Estos grupos ocupan un archipiélago de unidades comunales, con relaciones tenues entre sí; a menudo, las comunidades no ocupan territorios compactados y pueden existir incluso con una gran dispersión en un amplio territorio o en territorios separados por barreras geográficas, socioeconómicas y políticas. En todo caso, como señala Ber Borojov,[12] la base material de las condiciones de producción de las etnias —el territorio— lugar donde viven y reproducen su vida, no es un territorio nacional en sí mismo, ni lo es para dichas sociedades étnicas […] el territorio es «tierra», la base material de su subsistencia y el lugar donde entierran a sus muertos.

Lo que permite definir un grupo étnico en estas condiciones es el hecho de que las diversas comunidades incluidas comparten ciertos complejos culturales, lengua, creencias, formas de organización social, etcétera, sin que las mismas determinen una unidad socio-política por encima del ámbito comunal. Estas características, a menudo, son producto de la fragmentación impuesta por los procesos nacionalitarios sobre estas sociedades.

Un elemento importante de los grupos étnicos es que su conciencia de integración social es básicamente colectiva, no individual como en el caso de las nacionalidades, en torno a una identidad que mantienen, en menor o mayor grado, y no desliga totalmente a sus miembros, de los lazos comunitarios. La pérdida de estas relaciones «comunitarias», señala Najenson —locales, de parentesco, linaje, tribu y demás—, sería también un rasgo de transformación hacia una conciencia de integración distinta, no étnica y colectiva, sino nacional e individual.

Los grupos étnico-nacionales, si bien pueden basar su organización social en estructuras comunales y compartir muchos de los rasgos de los grupos étnicos, han alcanzado un grado de desarrollo socio-político que rebasa el ámbito de la comunidad o pueblo. Lo básico es que, como resultado de un proceso histórico que implica cierto grado de diferenciación social, impactos económicos, conformación de un sistema ideológico cohesionado y surgimiento de una élite intelectual representativa, entre otros factores, el grupo étnico-nacional es capaz de cristalizar una percepción de la identidad propia en tanto unidad integral de todas las comunidades o pueblos que poseen elementos socioculturales comunes.

Un hecho actual que es factor importantísimo de formación de grupos étnico-nacionales, lo constituyen los movimientos revolucionarios que, como en los casos de Guatemala y Chiapas, someten a los grupos étnicos a procesos nacionalitarios de unificación de extraordinaria profundidad.

Las identidades diferenciadas de los grupos étnico-nacionales en relación a la nacionalidad dominante o mayoritaria, y al Estado nacional respectivo, van conformando proyectos étnicos que se expresan en los ámbitos nacionales de lucha por la hegemonía, a través del planteamiento de diferentes reivindicaciones que van desde las agrarias y culturales, hasta las de autonomía.

Las etnias, esto es, los grupos étnicos y los grupos étnico nacionales, pueden sufrir diversos procesos de cambio que, de acuerdo con Najenson, pudieran clasificarse de la siguiente manera:

* ETNO-REPRODUCCIÓN: sobrevivencia cotidiana del «estilo de vida» o cultura global de una forma social étnica.

* ETNO-RESTAURACIÓN: recreación de aspectos esenciales de un estilo de vida étnico subalterno o perdido en parte.

* ETNO-GENERACIÓN: formación de un nuevo estilo de vida, a partir de componentes étnicos preexistentes, en una nueva síntesis cultural.

Las nacionalidades, que tienen su origen en los procesos de conformación de las naciones, a partir de etnias preexistentes y a través de los procesos ya referidos de unificación-centralización-homogeneización que llevan al cabo los Estados nacionales, constituyen unidades socio-culturales distribuidas en la totalidad del territorio nacional, y fuertemente diferenciadas en las estructuras clasistas.

Las élites nacionales constituyen la intelectualidad orgánica que codifica un proyecto de autodeterminación orientado claramente a establecer un Estado-nación propio o a identificarse con el Estado nacional existente, el cual, a su vez, actúa como expresión política de esa nacionalidad.

Los grupos nacionales pueden tener su origen en la migración forzada o voluntaria de nacionalidades de otra sociedad nacional, o en la anexión o conquista de territorios nacionales ajenos, que por esa vía ingresan a la jurisdicción del Estado. Estos grupos pueden optar por la asimilación a la nacionalidad dominante o mayoritaria, o permanecer con sus propias identidades como grupos nacionales diferenciados o como *minorías nacionales.*

El término de *pueblo* tiene también múltiples connotaciones. Se utiliza comúnmente para designar a cualquier comunidad humana de las definidas como etnias, nacionalidades o grupos nacionales. También en su connotación jurídico política significa el sujeto de soberanía, por ejemplo, «el gobierno del pueblo». En su significado sociopolítico identifica a las clases explotadas y desposeídas de la población de un país. En su acepción como sinónimo de etnia o nacionalidad, constituye una buena forma de rehuir los intentos clasificatorios a los que nos hemos referido. Por ello es el término preferido por el derecho internacional para referirse a las etnias, aunque en este sentido, el concepto pueblo conlleva derivaciones de autodeterminación que no todos los Estados aceptan. (Ver Anexo No. 2, p. 190).

Es importante hacer notar que estas clasificaciones no son de ninguna manera rígidas o estáticas, ya que —reiterándolo— las etnias constituyen entidades socioculturales sometidas a permanentes transformaciones en sus características, en sus condiciones de producción, en su territorialidad, en sus formas de vinculación política y en sus identidades como grupos diferenciados.

En consecuencia, el potencial socio-político de estas identidades no radica, en efecto, en alguna esencia metafísica invariable, sino justamente en su capacidad de transformación histórica, en su aptitud para transformarse, sin renunciar a la identidad contrastante que las sustenta, y al hacerlo, ser partícipe de los procesos actuales y de las empresas sociales futuras. De aquí que nuestra clasificación podría traslaparse en toda una gama de situaciones de transición posible.

Igualmente es necesario aclarar de manera reiterada que las etnias se encuentran firmemente relacionadas con la estructura socioeconómica y política en que se insertan. De ahí que las agrupaciones étnicas no son entidades «armónicas» o «equilibradas», como pretenden presentarlas los etnicistas, ya que en ellas repercuten los antagonismos que caracterizan el conjunto nacional del que forman parte. Así, aun cuando lo étnico tiene una dinámica propia, con sus manifestaciones específicas, las etnias no son independientes de la estructura de clases; más bien, solo considerando la vertebración clasista de cada etapa o fase histórica, puede comprenderse la naturaleza de los complejos étnicos. De aquí que las etnias no se enfrenten a un mundo «occidental» indiferenciado sino a clases o fracciones de clases que tienen sus nombres propios (terratenientes, burgueses agrarios, acaparadores, industriales) y los agentes del Estado. Son las connotaciones étnico-culturales de explotación las que hacen que las cosas a menudo aparezcan opacadas o invertidas. De esta manera se podría interpretar que las etnias son explotadas por ser discriminadas cuando en realidad la discriminación es resultado, y al mismo tiempo, palanca reproductora de la explotación.

Igualmente, la cuestión étnica, al fundamentarse en la matriz clasista, adquiere un carácter evidentemente *sociopolítico*, que no puede reducirse a su aspecto «cultural». De aquí la necesidad de incorporar en el análisis de lo étnico, todas las dimensiones posibles en el marco de una perspectiva integral, de la que pretende partir el etnomarxismo.

Teóricamente se plantea que todas las colectividades que hoy llamamos etnias son el resultado del largo proceso histórico —del cual la constitución de los Estados nacionales vino a ser un momento más— iniciado en el siglo XVI con las exploraciones geográficas por parte de los colonizadores europeos, y que se prolonga hasta nuestros días en el marco de la «globalización».

En este sentido, autores como Gilberto Jiménez[13] se refieren a un «proceso de etnicización», ocasionado por la desterritorialización violenta y forzada de las comunidades originalmente asentadas en estos territorios, lo cual va a ocasionar la ruptura, o por lo menos la distorsión, de sus vínculos (materiales o simbólicos) con sus territorios ancestrales. Como es sabido, a partir de la conquista las comunidades indias fueron desplazadas de sus territorios originales; la gran mayoría fueron destruidas, y las sobrevivientes confinadas en otros territorios en la forma de misiones, encomiendas, reservaciones, corregimientos, repúblicas de indios o «regiones de refugio».

La desterritorialización de las etnias, unido a su origen, que considera que este se basa en vínculos o «afinidades primordiales», distintos a los vínculos meramente civiles en los que funda su noción de pertenencia el Estado nación, le van a dar al concepto de etnia un contenido que hacia adelante, de una manera más o menos romantizada, aparecerá contrapuesto en términos de «proyecto civilizatorio» al proyecto homogeneizador del Estado nación capitalista.

Los vínculos internos a partir de los cuales, o en función de los cuales, vive una etnia y se hace aparecer como tal hacia adentro y hacia «los otros» que no forman parte de ella, constituyen uno de los aspectos con respecto a las formas de subsistencia de la misma, y las formas que se da para aparecer ante «los otros». Para el análisis que refiere a lo que una etnia es, en tanto comunidad específica, con respecto a sí misma y con respecto a «los otros», se elabora el concepto de «identidad étnica».

El problema de la identidad (étnica, social, nacional) vino a constituirse en un tema de análisis en el contexto justamente de los proyectos homogeneizadores de los Estados nacionales capitalistas, que a lo largo del planeta pretenden desconocer, en aras de un arbitrario principio jurídico de igualdad, que todos los Estados, o por lo menos la mayoría, son plurinacionales, multiétnicos y plurilingüísticos, esto es, que prácticamente no hay Estados mononacionales.

La gran cantidad de problemáticas dadas a escala mundial que tienen que ver con los derechos de colectividades específicas, que se han visto erosionados por causa de la constitución de Estados nacionales, y que se ha profundizado dicha erosión en el contexto de la globalización, ha dado lugar al desarrollo de «teorías de la identidad», de las cuales destacamos algunos aspectos en la medida en que resultan cruciales para entender la importancia de una etnia en México, y de sus potencialidades, así como del sentido político y ético que alimenta a sus demandas de autonomía en nuestro país.

En los términos más generales posibles, así como en los más comúnmente aceptados en el ámbito de la reflexión social, la identidad se refiere a un conjunto de repertorios culturales interiorizados, mediante los cuales los individuos o las colectividades definen y delimitan sus fronteras, esto es, se definen hacia adentro, con respecto a los demás integrantes, y hacia afuera con respecto a los otros, en una situación determinada, en un contexto histórico específico y atravesado por relaciones también específicas de dominación y subordinación.

Al igual que los Estados nacionales europeos,[14] los Estados nacionales del continente americano se definieron a partir de la negación de las etnias que habitaban originariamente en sus territorios. Los Estados que se formaron a partir de este proceso, hicieron tabla rasa de las identidades de los diversos pueblos desplegados en estos territorios, de tal manera que al constituirse como nación, quienes decidieron la constitución nacional apenas si tomaron en cuenta la historia de aquellos que habían sido derrotados, exterminados o confinados.

En suma, es importante concluir que:

• Los complejos étnicos constituyen entidades sometidas al proceso histórico y cuyas bases socioculturales, condiciones de reproducción y formas de vinculación política se modifican constantemente; de aquí la posibilidad de transformarse sin renunciar a su identidad contrastante.

• Por ser entidades históricas, los sistemas étnicos, son al mismo tiempo, fenómenos siempre contemporáneos; aun el pasado hay que verlo en función del presente y el futuro.

• Las etnias existen firmemente relacionadas con la estructura socioeconómica y política en que se insertan. De aquí que las entidades étnicas no sean identidades «armónicas» o «equilibradas», sino que se encuentran incididas por su integración en la matriz clasista; no son independientes de la misma.

• Por ello la necesidad metodológica de ver a las etnias en sus contradicciones; lo cual no demerita o descalifica los ideales o arquetipos, las tendencias o el «deber ser» de los pueblos.

• Los indígenas no enfrentan un mundo genérico no indígena «occidental» sino a clases sociales y sus representantes.

• A partir de la base clasista, el problema indígena constituye un fenómeno sociopolítico que no puede reducirse a lo cultural.

• Por su carácter sociopolítico, lo étnico se vincula con otros sectores explotados de la sociedad, aunque sus reivindicaciones deben conservar su especificidad.

• Así, la cuestión étnica deviene en parte constitutiva de la cuestión nacional y, en consecuencia, las etnias o pueblos enfrentan a un proyecto nacional hegemónico que solo puede ser enfrentado exitosamente con un proyecto nacional contra hegemónico alternativo.

• La solución de la problemática étnica requiere de la acción política de los indígenas y no la acción de los indigenistas; se requiere de una política india: los indígenas como sujetos históricos, como protagonistas políticos y constructores de su propio futuro.

El indigenismo del Estado nacional

En las últimas décadas, particularmente, los Estados nacionales latinoamericanos aplicaron políticas indigenistas con la pretensión de incorporar al indio a la cultura nacional, pero que en la práctica mediatizaron sus formas específicas de expresión política y cultural. En rigor, el indigenismo trata de borrar las diversidades culturales de las sociedades nacionales e incorporar a los indígenas a los sectores asalariados tanto en el campo como en la ciudad.

Como señala Gellner, el proyecto de homogeneización cultural sustentado en la idea de «un estado, una nación y una cultura», en el cual basa su éxito el avance del sistema capitalista, vende la idea errónea de que la homogeneidad cultural es la condición ideal para el buen funcionamiento, la estabilidad y la gobernabilidad. En esta perspectiva es que ha venido bien a la ideología dominante, la confusión creada entre ambos conceptos, a partir de la cual los Estados nacionales sustentaron sus políticas de incorporación forzada de las etnias.

En nuestro país y en la mayoría de los países de Latinoamérica, a partir de la constitución de los Estados nacionales, estos se condujeron con políticas de unificación cultural forzada mediante estrategias de estandarización lingüística, religiosa, ideológica y educativa, a contracorriente de una realidad imperante en la medida que la mayoría de los Estados son plurinacionales, multiétnicos y plurilingüísticos.

Así en nuestro país, para Manuel Gamio, uno de los padres fundadores de la antropología en México, la marginalidad de los indígenas se debía al estancamiento provocado por la diferenciación lingüística, por lo que la solución al problema era la conveniente intervención del Estado a fin de establecer una política que pretendía ir en auxilio del indígena, pero que en los hechos buscó su asimilación a la nacionalidad dominante y la homogeneización cultural y lingüística a los criterios burgueses de desarrollo y progreso.

Desde que Gamio definió a la antropología como «la ciencia del buen gobierno», los antropólogos jugaron un papel protagónico en la elaboración de estas políticas indigenistas, iniciándose un maridaje entre estos y el Estado mexicano que no fue roto en parte sino hasta el movimiento estudiantil-popular de 1968, que creó las condiciones para que las corrientes críticas de la Antropología denunciaran la complicidad de esta en los procesos etnocidas, consustánciales al indigenismo.

Desde sus inicios, el indigenismo asumió un relativismo cultural restrictivo, en definitiva racista, como uno de sus componentes; de tal manera que se consideró que en las culturas indígenas había «aspectos» que debían ser conservados y que merecían respeto y protección por parte de los Estados, y otros «negativos» que debían ser eliminados por no ser compatibles, ya sea con la modernidad o con los sistemas jurídicos impuestos.

De esta manera, la «burocracia indigenista» se convirtió en «seleccionadora» del destino que tendrían los procesos de «incorporación» del indígena a la sociedad nacional, sin tomar en cuenta los derechos de estos grupos a decidir su propio rumbo. El indigenismo promovido por las élites criollas y mestizas gobernantes, se caracterizó desde sus inicios por el uso de una retórica de respeto a las lenguas y costumbres indígenas, y una práctica de destrucción de las estructuras étnicas de los pueblos indios. Uno de los argumentos más característicos del indigenismo como política de Estado es precisamente conceptuar lo «étnico» como «atraso», por lo que al eliminarlo de hecho, según este punto de vista, se logra la incorporación exitosa del indio a la sociedad nacional y su arribo a la modernidad.

Pese a su retórica que dice buscar «el beneficio del indio», el indigenismo ha sido un contrasentido para encontrar o definir los caminos independientes de los pueblos hacia una articulación con las sociedades nacionales de carácter equitativo y democrático. Al mismo tiempo, el indigenismo ha significado un lastre con el que han tenido que verse los pueblos indígenas de nuestro país, al grado que las políticas que se desprenden de este modo de interpretar la realidad de los mismos ha significado el mayor obstáculo para su verdadera integración, como ellos lo decidan y no como quiere que lo hagan el Estado nacional mexicano.[15]

El indigenismo, al fin de cuentas, conjuga una lista de prejuicios raciales y culturales basados en la supremacía de lo europeo sobre lo indígena, con una visión que agudiza la dominación de un grupo social, el cual maneja el aparato gubernamental, y asiste a otro grupo social que es incapaz de valerse por sí mismo, y por lo tanto necesita ser asistido. Dominación cultural que niega el acceso a la toma de decisiones en el sistema político y excluye del aparato de gobierno a los indígenas de nuestro país.

Si el control de las urbes fue prioritario para que la dominación de un sector social autoproclamado «mexicano» se impusiera sobre la población del país, en el terreno ideológico la detentación del «interés nacional» en una clase fue fundamental para legitimar el exterminio de todos aquellos que no compartieran los mismos postulados «nacionales». Enrique Florescano da cuenta de cómo se dio tal proceso.

> En el siglo actual persistió el atractivo de las políticas que contribuyeron a formar el Estado nacional, de suerte que los estudiosos del nacionalismo solo repararon en sus aspectos positivos. Sin embargo, desde la segunda mitad del siglo XIX, el nacionalismo proclamado en las esferas del gobierno y en las instituciones del Estado adquiere un cariz intolerante y represivo. Las clases dirigentes, al hacer suyo el modelo europeo de nación, demandaron que las etnias, las comunidades y los grupos tradicionales que coexistían en el país se ajustaran a ese arquetipo. Así, cuando los indígenas o los campesinos no se avinieron a esas demandas, el gobierno descargó todo el peso del Estado sobre ellos y llegó al extremo de aniquilar a los pueblos que opusieron resistencia al proyecto centralista. Esa política intolerante escindió más a la nación, en lugar de conseguir su deseada unificación.[16]

A la par de los procesos generales en los que se fue construyendo el marco jurídico y el sistema político de México, los pueblos indios han regido sus vidas y organizado sus comunidades a través de costumbres propias. Como una forma de resistencia, los pueblos indígenas huyeron del alcance de los conquistadores y se asentaron en territorios muchas veces inhóspitos pero a la vez inaccesibles al yugo colonial. No fue sino hasta el proceso de «modernización» que muchos de estos pueblos tuvieron nuevamente contacto con los sistemas de organización política y sus instituciones vigentes en las metrópolis.

Este contacto significó una nueva confrontación. La expansión de lo nacional, y del marco jurídico que lo sustentaba, tuvo que chocar nuevamente con la autonomía que *de facto* se reproducía en las comunidades. Si en el pasado se aceptó algunas formas de organización indígena comunitaria como las «republicas de indios», en el contexto de la reforma y la consolidación del Estado-nación, las comunidades indígenas y sus formas de reproducción de la vida fueron hostigadas incluso militarmente; el caso más trágico, por la enorme cantidad de muertes, fue sin lugar a dudas la guerra de castas en el siglo XIX y la represión sangrienta emprendida en contra de la «Nación Yaqui».

Las comunidades indígenas nunca han recibido un trato equitativo durante el intercambio que han tenido con un aparato gubernamental que les exige una integración al Estado nacional. Las diversas formas de autonomía son el resultado de procesos históricos que las comunidades indígenas han tenido en su interior. El intento de transformarlas por la fuerza siempre ha venido del exterior; de una clase dominante que se concibe como superior por el lugar que ocupa en el desarrollo lineal que impone la modernidad.

Los diversos intentos por consolidar los procesos autonómicos en los pueblos y las comunidades indígenas en México y en toda Latinoamérica muestran nuevamente la enorme capacidad de resistencia y asimilación de su cultura. La autonomía que de hecho han ejercido en sus territorios ahora exige una inclusión puntual en los Estados nacionales.

El sector indígena en México ha pasado a la ofensiva. Ante la nueva intención del capital de desaparecerlos, ahora por medio de su manifestación neoliberal, se vieron obligados a acompañar sus resistencias en un solo movimiento y apostarle a la construcción de un Estado nacional democrático que los incluya por completo.

Pasar de la autonomía de hecho para exigirla en el derecho es un proceso en el que saben que se tienen que acompañar de otros sectores populares de la nación.

Siempre estamos a tiempo de que las propuestas del movimiento indígena, particularmente del EZLN, eviten la reedición de la historia trágica característica de México, y que las iniciativas de este sector social, encaminadas a incluir todos los elementos constitutivos en la sociedad mexicana, sean recogidos por las demás fuerzas sociales y se pueda construir, por fin, una sociedad plena basada en la inclusión y el respeto a la diferencia.

Capítulo 1

Los pueblos indios
y el desarrollo de los procesos autonómicos

Los pueblos indios de México

De acuerdo con los datos del Censo de Población y Vivienda 2010, en México viven 15.7 millones de indígenas, de los cuales poco más de 6 millones hablan alguna lengua indígena. Esta población está repartida en 62 pueblos indígenas que hablan 89 diversas lenguas. El censo se acerca a la cuantificación de la población indígena a través de la condición de habla de lengua indígena, por lo que hay criterios no tomados en cuenta al recabar la información. El problema al tratar de establecer cuántos pueblos indígenas hay en México es que el criterio principal son los hablantes de lengua indígena y que esto provoca una confusión enorme.

Podríamos considerar que hay alrededor de seis decenas de pueblos hablantes de lenguas indígenas, si tomamos en cuenta el criterio lingüístico, pero este no es preciso. Entre los pueblos originarios de la Ciudad de México, por ejemplo, hay muy pocos hablantes de lengua indígena, y, no obstante, ellos se consideran indígenas. Si tomamos en cuenta los criterios de grupo étnico o auto adscripción, también hay problemas, pues lo que llamamos pueblos indígenas no son unidades homogéneas, hay variantes de todo tipo, culturales, lingüísticas.

Desde la palabra misma, indígena es un término dado desde los grupos de poder y dominación. Los criterios relacionados con la terminología sobre el indígena, están referidas a quienes ven a los otros como diferentes y establecen mecanismos y criterios de clasificación de «esos diferentes». El indigenismo fue la corriente fundadora de la antropología en México y estableció los mecanismos de lo que ha sido denominado por Rodolfo Stavenhagen y Pablo González Casanova el colonialismo interno. Desde esta perspectiva se reconocen los criterios de adscripción y auto adscripción y se llega a una manera más sencilla de identificación: indígena es quien se considera indígena por quienes no lo son y por quien es en sí mismo. A pesar de que indígena es una terminología del poder, en el momento en que se da una concientización del movimiento el término cambia su significado y se integra a las luchas para establecer identidad.

En *El México profundo*, Guillermo Bonfil sostiene que no obstante que los censos hablen de un 11% de población indígena, lo indígena tendría que establecerse no solamente en los hablantes de lengua y en quienes conviven en una comunidad que se identifica como tal, sino más allá, y da una serie de elementos de cultura y civilización que harían extensivo el término indígena a poblaciones campesinas o no campesinas, urbanas o rurales, que asumen muchos de los presupuestos de la civilización mesoamericana que él llama el México profundo, y en ese sentido se extiende lo indígena más allá de quienes son considerados o se consideran indígenas.

Se utiliza el término etnocidio estadístico para definir factores que disminuyen demográficamente a la población indígena. Uno es el racismo inherente en las sociedades nacionales que permea los criterios de los propios censos, en donde se oculta una realidad; otro es el estigma étnico, la negación de la condición indígena por los propios indígenas. Por otra parte, sucede que quienes censan no van a los rincones más apartados en donde muchas veces encontramos poblaciones indígenas y por tanto no se hace un recuento real. El etnocidio estadístico entra dentro de una múltiple variedad de condiciones que hacen que las poblaciones indígenas disminuyan de manera notable.

El componente indígena tiene gran importancia en la conformación de la nación multicultural, multiétnica y multilingüística, aunque este ha sido negado sistemática y permanentemente durante toda la época independiente. No hay mención explícita y clara de los pueblos indígenas hasta la reforma constitucional en 1992, donde por primera vez se mencionó la naturaleza multiétnica con base en la presencia de los pueblos indígenas.

Contrario a lo que se dice sobre la poca importancia que tiene la población indígena —mirada desde elementos estadísticos y perspectivas racistas— la importancia de la raíz indígena en la composición multiétnica de la nación y su contribución en luchas liberadoras y antidictatoriales es fundamental. Y también lo es actualmente, al aportar contribuciones desde los procesos autonómicos que se profundizan. No podrían entenderse las luchas liberadoras antisistémicas de nuestro tiempo sin la aportación de los pueblos indígenas que, siendo considerados por el racismo como sinónimo de atraso y antimodernidad, constituyen la verdadera modernidad, la contemporaneidad progresista de un futuro de protagonismo desde las colectividades de abajo.

En los procesos autonómicos, la aportación de los pueblos es muy importante en cuestiones esenciales como el cuidado de la naturaleza, la democracia participativa y las formas de la política que rompen con el individualismo y el consumismo característicos del capitalismo.

A los censos tendrían que incorporarse otros criterios, además del concepto lingüístico, como el de la importancia de la vida comunitaria. Lo ideal sería contar con un censo que no tenga cargas de discriminación y de racismo, donde se incorporen los criterios de los pueblos, que estos participen de auto-censos y desaparezcan las instituciones que actualmente los coordinan. Tendríamos que hacer realidad las autonomías; que los pueblos manejen la contabilidad de su población y tengan control sobre sus propios periódicos, radios; que dirijan sus propias investigaciones antropológicas. Habría que entender el protagonismo de los pueblos indígenas, pues mientras mantengamos a instituciones marcadas por el poder a cargo de los censos tendremos la problemática del etnocidio demográfico, institucional y cultural.

De acuerdo con las estimaciones globales hechas por el Consejo Nacional de Población (CONAPO) y el Instituto Nacional Indigenista (INI), de 97 483 412 habitantes que reporta el censo del 2000, habría en nuestro país 12 707 000 indígenas, que constituiría el 11,8% del total. Esa cifra toma en cuenta ciertas los indicadores censales con base en el criterio «Hablantes de Lengua Indígena (HLI) mayores de cinco años», que constituyen un total de 6 044 547 de personas. (Ver Anexo No. 3, p. 191 y Anexo No. 4, p. 192).

Considerados por entidad federativa, son los estados de Yucatán, Veracruz, Oaxaca, Chiapas, Guerrero, Puebla, Hidalgo y el Estado de México, los que tienen una mayor concentración de población indígena, aunque esta se encuentra dispersa en mayor o menor número a lo largo de todo el territorio mexicano. (Ver Anexo No. 5, pp. 193-194).

Como podemos observar, aunque existe población indígena en prácticamente todos los estados de la república, es en el sur y en el sureste en donde se concentra la mayoría, destacando los estados de Yucatán, en donde, de acuerdo con el XII Censo General de Población y Vivienda 2000, existe una población indígena de 979 614 habitantes que representan el 39,04% de la población estatal, Oaxaca, en donde el 38,24% es indígena y Chiapas con el 24,98%. No es extraño pues que sea en estos estados en donde se llevan a cabo en la actualidad los más importantes movimientos reivindicativos de las autonomías.

En cuanto a la distribución de la población indígena, considerando solo su adscripción a alguna lengua específica, las estimaciones de CONAPO dan un total de 10 millones 735 mil hablantes de alguna lengua indígena, del cual solo entre el Náhuatl y el Maya concentran el 37,9%. Los grupos indígenas más numerosos, que en conjunto representan poco más el 70% de la población total son: el Náhuatl con 2,6 millones, el Maya con 1,5 millones, el Zapoteco con 802,0 mil, el Mixteco con 750,6 mil, el Tzotzil con 415,6 mil y el Tzeltal con 393,0 mil. (Ver Anexo No. 6, p. 195).

Indicadores socioeconómicos

Siguiendo con las estimaciones oficiales dadas a conocer por el Instituto Nacional Indigenista y el Consejo Nacional de Población, de 2 443 municipios que hay en nuestro país, 871 tienen población indígena, lo que constituye el 35,7% del total. De ellos, en 481 la población indígena es mayoritaria.

De los 871 municipios con presencia indígena, el 100% de ellos mantienen algún grado de marginación, y 668 mantienen un grado de marginación alto o muy alto, esto es, del total de municipios con población indígena, más del 80% viven en condiciones de marginación graves. El 42,3% no tiene agua entubada, el 20,7% no tiene electricidad, el 73% no dispone de drenaje, llegando al extremo de un 13% que no dispone de ninguno de los tres servicios mencionados. Casi el 60% trabaja en el sector primario, poco más del 30% no recibe ingresos por su trabajo y más del 22% percibe entre uno y dos salarios mínimos. (Ver Anexo No. 7, pp. 196-197).

La comparación relacionada con el indicador «nivel de instrucción» entre los porcentajes nacionales y los referidos a la población hablante de lengua indígena, arroja resultados reveladores de la marginación de los pueblos indios de nuestro país. Del total de la población nacional de 15 años o más, según la información del censo de 2000, el 10,3% no tiene ninguna instrucción, mientras que del total de la población indígena nacional de 15 años o más, el 31,7% no tiene ninguna instrucción.

Y en el otro extremo, mientras a nivel nacional el 16,8% de la población nacional tiene bachillerato terminado, solo el 2,7% de la población indígena tiene el bachillerato terminado; o peor aún, de acuerdo con el INEGI, mientras el 11% de la población nacional tiene algún grado de licenciatura, el 0,0% de la población indígena tiene grado de licenciatura. Esto es, de acuerdo con el INEGI, no existe ningún indígena (H.L.I.) con grado de licenciatura terminada. (Ver Anexo No. 8, p. 198 y Anexo No. 9, p. 198).

Factores externos e internos que inciden en torno a las autonomías

Para quienes en México venimos acompañando al movimiento indígena desde los años setenta del siglo pasado, el planteamiento autonómico en su significado contemporáneo no está presente en esos años en el campo de los académicos dedicados a la cuestión étnica ni en la discusión de las organizaciones indígenas.

Una de las principales expresiones analíticas de lo que podía ser considerada como la antropología crítica mexicana de estos años es la declaración fundacional del Consejo Latinoamericano de Apoyo a las Luchas Indígenas (CLALI), que se organiza en la Escuela Nacional de Antropología e Historia en 1981. En ese documento se hace uno de los planteamientos más radicales o de izquierda, en el contexto de la época y en el espacio de los antropólogos, y ahí no existe una sola referencia a la autonomía. En el mismo se analizan y critican las distintas corrientes que predominaban en ese momento en lo referente a la política del Estado para con los pueblos indios, el integracionismo indigenista, el etnopopulismo, pero no se hace un planteamiento de autonomía.

La construcción del sujeto autonómico en los pueblos indígenas del continente americano ha tenido flujos y reflujos y se ha enfrentado permanentemente a la oposición y represión de los gobiernos, pero todo ello se ha acumulado en la memoria histórica de los pueblos indios. En esa memoria está la resistencia, muchas veces heroica, a la dominación y la lucha constante por el respeto a sus formas tradicionales de organización política, a sus manifestaciones culturales y creencias religiosas. Una a una, estas historias han contribuido a la maduración de las demandas hasta arribar a las actuales exigencias indígenas de establecer gobiernos autónomos, ya sean pluriétnicos o mono-étnicos, en todos aquellos países en los que su presencia etnolingüística-cultural se ha conservado.

Si quisiéramos situar en una fecha determinada la aparición de la gesta histórica por los autogobiernos indios tenemos que remontarnos al movimiento aymara y pachicuti que sacudió las formas de organización política en Bolivia en el año 1952. Desde esa fecha, y hasta el presente, la reivindicación de un gobierno indígena por los indígenas y para los indígenas ha marcado la historia de ese país. Levantamientos y sublevaciones han dotado a los movimientos indios bolivianos de la cualidad de situarse como referente de las luchas político-culturales más importantes de esa nación: a tal grado que en los últimos años su agenda programática los hace aparecer como un movimiento coordinado que está teniendo acceso a las representaciones parlamentarias y gubernamentales, incluyendo la presidencia con la llegada de Evo Morales a la primera magistratura, con la finalidad de impulsar desde ahí su programa político.[1]

La gestación de la propuesta autonómica ha madurado de tal forma en Bolivia que los pueblos indios que ahí coexisten y que han sido protagonistas en las luchas de los cocaleros y el movimiento sindical de los ochenta y noventa, hoy en día no solamente han demandado y logrado el ejercicio de la autonomía, sino la creación de un Estado pluriétnico y plurinacional en el que se refundan de raíz las bases que fundamentan jurídicamente la Constitución Política de su país y de impacto en todo el continente. Sin embargo, en las últimas dos décadas destacamos varios eventos y procesos a partir de los cuales el *concepto contemporáneo de autonomía* adquiere un interés político, tanto en el ámbito del debate intelectual y académico, como en el desarrollo de los propios movimientos autogestionarios de los pueblos indios.

En primer término estaría el establecimiento constitucional de un régimen de autonomía regional en la Costa Atlántica-Caribe de Nicaragua en 1987, mismo que tuvo un impacto a nivel continental en la medida en que mostró que las autonomías constituyen una alternativa viable para que los Estados nacionales puedan remontar situaciones de conflicto, incluso armado, que tienen su origen en la composición pluriétnica de la población.

El Gobierno de Nicaragua decidió en diciembre de 1984 analizar la posibilidad del establecimiento de un régimen de autonomía en territorio nicaragüense. Esta iniciativa política decidida en el interior de la Dirección Nacional del Frente Sandinista de Liberación Nacional (FSLN), coordinada en su etapa inicial por el comandante Luis Carrión, fue una sorpresa total para quienes fuimos convocados a formar parte de una comisión[2] que presentaría un documento inicial de discusión porque la reivindicación de autonomía que primeramente se hizo en Nicaragua no provenía del gobierno sandinista, sino de los movimientos etnicistas que muy pronto se oponen al mismo, encabezados por los dirigentes miskitos de MISURASATA: Brooklyn Rivera y Steadman Fagoth.

La escasa integración de la Costa Atlántica con la región «española» del Pacífico debida a la resistencia de sus habitantes a la colonización, el dominio sustantivo de la región por parte del imperio británico hasta la segunda mitad del siglo XIX y el posterior control que de ella tiene el imperialismo estadounidense, ocasionó que durante el proceso revolucionario abanderado por el Frente Sandinista de Liberación Nacional surgieran serias divergencias acerca de los pasos a seguir en esta región.[3]

Al triunfo de la Revolución Sandinista, el 19 de julio de 1979, el conflicto de intereses generado por la política que se establecería en la Costa derivó en una confrontación militar entre los grupos indígenas y las milicias sandinistas. Las propuestas de autonomía hechas por MISURASATA fueron vistas en un principio como una intentona separatista financiada por Estados Unidos. No fue sino después de un agudo proceso de autocrítica, que la dirigencia del FSLN decidió iniciar las consultas para lograr concretar el Estatuto de Autonomía de la Costa Atlántica, documento inédito en la historia del continente Americano.[4]

La autonomía regional para pueblos y comunidades étnicas que habitan en un 38% del territorio de ese país fue un paso trascendente, dentro de una revolución social, que conformó gobiernos regionales electos de representación plural y continuó un proceso de reconstitución de la nación nicaragüense que había quedado inconcluso durante la prolongada dictadura somocista. La Nicaragua de esos años fue la sede de importantes reuniones internacionales en las que se discutió ampliamente la experiencia autonómica, con la presencia de numerosos dirigentes indígenas de todo el continente.

Un segundo evento que incidió, tanto a nivel teórico y mediático, como en las movilizaciones que generó a escala latinoamericana, tiene que ver con las encendidas polémicas, movilizaciones, encuentros y desencuentros en torno al quinto centenario del «descubrimiento de América» en 1992. La manipulación histórica y el manejo político maniqueo con que los grupos gubernamentales en cada país pretendieron proyectar la «celebración» de un acontecimiento que en la memoria de las culturas indias significa genocidio y etnocidio, contribuyó a que, en el camino de un proceso de desgaste de «lo nacional» a raíz de las recurrentes crisis económicas y políticas experimentadas por los Estados, diversos sectores a lo largo del continente —de entre los que sobresalen los pueblos indios— asumieran una actitud radicalmente crítica con respecto a sus alternativas de desarrollo en el contexto de las opciones de la modernidad neoliberal. Así, al reflexionar respecto de las expectativas hacia el futuro, se señala que la autodeterminación de las etnias, el derecho de los pueblos a tomar las riendas de su propio destino, constituyen un requerimiento indispensable de las nuevas formas que asuman los Estados nacionales democráticos.

También tiene importancia mencionar las repercusiones en el ámbito latinoamericano de los procesos acontecidos en Ecuador y Perú, donde las destituciones de Abdalá Bucaram y Jamil Mahuad tuvieron como protagonista central en las manifestaciones al Congreso de las Nacionalidades y Pueblos Indígenas del Ecuador (CONAIE), en el primer caso; y la derrota electoral y posterior exilio de Alberto Fujimori, en el segundo, debido a la participación masiva de los indígenas peruanos. Las experiencias de los indígenas en ambos países, les han servido para proyectarlos como sujetos históricos, capaces de definir la transformación de sus naciones y, en consecuencia, establecer un programa político con el que se logre una relación distinta con los demás sectores que componen sus respectivas sociedades nacionales.[5]

Un factor interno decisivo para el caso mexicano fue, evidentemente, la insurrección de 1994, encabezada por el EZLN. Este último evento —en particular a partir de las discusiones que dieron por resultado los Acuerdos de San Andrés— vinculó la antigua y ansiada demanda de autogobierno, de reconocimiento político y constitucional de los sistemas normativos, la cultura y territorialidad de los pueblos indios, a la problemática de la llamada *cuestión nacional*.

Cuando se inicia el Diálogo de San Andrés, la demanda de autonomía no era predominante en el movimiento indígena. En realidad, antes de 1994 pocas organizaciones hacían del proyecto autonómico su bandera de lucha: en este caso hay que distinguir al Frente Independiente de Pueblos Indios (FIPI), que después deviene en Asamblea Nacional Indígena por la Autonomía

(ANIPA), que hace propuestas autonómicas, incluso legislativas, previas a la insurrección zapatista.[6] Las autonomías comienzan a ser discutidas como argumento de carácter programático-político que toma un relieve nacional después del levantamiento.[7]

Los Acuerdos de San Andrés, firmados entre el gobierno federal y el EZLN el 16 de febrero de 1996, son el resultado final de un análisis profundo y riguroso llevado a cabo por intelectuales, especialistas, juristas y dirigentes de las más diversas organizaciones convocados por la dirigencia zapatista durante el proceso de negociación con la contraparte gubernamental. Es a partir de entonces que las demandas de autonomía para los pueblos indios mexicanos se convierten en la principal reivindicación de sus movimientos. Se empieza a reflexionar de una manera más concreta respecto de las formas en que, en las circunstancias actuales, se puede hacer realidad un proyecto jurídico-político que restituya a los indígenas sus derechos plenos, tanto en el ámbito ciudadano como en su carácter de pueblos. Las autonomías toman en cuenta diversos factores de entre los que sobresalen, por un lado, la dimensión histórica, esto es la necesidad de restituir el agravio de que han sido objeto durante más de quinientos años, y por otro, la adecuación de las propuestas a las condiciones políticas y jurídico-administrativas del Estado nacional contemporáneo.

Así, las autonomías que se han venido perfilando en los últimos años en nuestro país resultan principalmente del esfuerzo teórico, organizativo y político del EZLN, desde luego, del Congreso Nacional Indígena (CNI) y de otras organizaciones indígenas nacionales y regionales de Oaxaca, Guerrero, Michoacán, Veracruz y de otros estados de la República en los que tienen presencia los pueblos indios.

Cabe resaltar que dentro de las propuestas surgidas de los Acuerdos en ningún momento se ha planteado, como se maneja de manera recurrente y sesgada, la constitución de territorios independientes o soberanos. El «fantasma de la balcanización» es también un recurso mediático manejado por sectores conservadores de la parte gubernamental, opuestos a la autonomía.

Por el contrario, lo que los pueblos indios quieren, y así lo han expresado de manera reiterada, es encontrar una fórmula que les permita vivir con dignidad al interior del Estado nacional. Más aún, han reclamado de manera inédita su derecho histórico de pertenencia a un Estado que en su conformación los hizo a un lado, pese a que como lo demuestra la historia, los pueblos indígenas participaron activamente en las luchas que llevaron a la constitución de la nación mexicana.

La idea de las autonomías indígenas es nueva en el sentido de articular esa demanda y sus actores principales, los pueblos indios, con otros actores de la vida nacional y en los escenarios que la configuración actual del Estado nacional mexicano les ofrece; pero no lo es en tanto existe una tradición centenaria de autogobiernos de facto establecidos con mayor o menor éxito por las comunidades indígenas a lo largo del territorio nacional. Ello es importante, en la medida de que de lo que se trata es de ubicar objetivamente la sustancia de las demandas actuales, que se nutren obviamente de esa tradición centenaria y al mismo tiempo, intentan configurarse para el momento actual.

A nivel histórico, las propuestas toman en cuenta sobre la dominación colonial y nacional, el despojo territorial y el sometimiento cultural de que han sido objeto los pueblos desde la llegada de los españoles y hasta el día de hoy. En este sentido se recurre a la amplia documentación existente relativa a la larga historia de agravios, así como a la de sus luchas de resistencia. De aquí surge la exigencia ética que tendría el Estado nacional contemporáneo de restituir lo que en más de quinientos años ha negado.

Lamentablemente, pese a que los representantes gubernamentales que en distintos momentos han estado participando en el proceso de diálogo en el estado de Chiapas reconocen que hay esa deuda histórica para con los pueblos indios, a la hora de hacer realidad lo acordado en las negociaciones, las decisiones y acciones políticas incurren en una dramática amnesia que una y otra vez, como ha ocurrido siempre, termina en un muro autoritario de un Estado incapaz e inflexible.

Antecedentes históricos
y características de las propuestas autonómicas

Si entendemos la autonomía como «La delegación de competencia mutuamente acordada entre sujetos políticos […], la autonomía no es una renuncia a la soberanía estatal nacional, sino una distribución de atribuciones y funciones que pueden ser complementarias, exclusivas o restrictivas de poderes federales, estatales, regionales y municipales»,[8] se podrá comprender que su gestación y desarrollo es un proceso por el que han pasado y están pasando los pueblos y las comunidades indígenas y del que no escapa la población total del Estado nacional, por la simple razón que el proceso autonómico implica la construcción, en un territorio determinado, de relaciones diferenciadas de otros grupos sociales, pero que se enmarcan dentro de un Estado nacional.

Ya con anterioridad[9] había expresado que el debate por la nación no necesariamente pasaba por la desintegración del Estado, sino que tomaba el curso de las identidades locales que le dieron formar inicial. Desde ese momento concebíamos a la autonomía como un espacio de debate, dialogo y negociación entre el poder constituido y las representaciones políticas de los pueblos.

> En el marco de este tipo de proyectos nacionales somos testigos de un proceso de restauración étnica de los pueblos indios de México y de América Latina en general. La presencia de los pueblos indios como sujetos políticos activos es un hecho cada vez más evidente, se expresa en el carácter de sus organizaciones, en

sus reivindicaciones, cada vez más estructuradas, que podrían ser sintetizadas en la demanda central de autonomía.[10]

Es durante los años ochenta y noventa del siglo pasado, que los movimientos indios independientes del Estado constituyen las bases teóricas y programáticas a partir de las cuales se van conformando sujetos activos en el acontecer político de nuestros países. Así, de la perspectiva acerca de los indios, mantenida en décadas anteriores, aun en las ideologías más radicales, como los «sujetos víctimas» de la explotación y las políticas paternalistas, se pasa a la conformación del sujeto autónomo, activo, participativo, forjador de sus propias decisiones, elaborador de sus propias estrategias en la lucha por sus derechos.

La década de 1990 es significativa para el movimiento indígena continental por el avance teórico y político que adquiere el concepto de autonomía. La propuesta de la autonomía, aparece como antitética a la ideología indigenista que desde principios del siglo XX adoptaron los Estados nacionales. Los movimientos reivindicativos indígenas en América Latina han puesto de relieve la necesidad de soluciones al problema indígena a partir de procesos democratizadores. Se plantea en este sentido que, la cuestión indígena, aun en los países donde los indios constituyen pequeñas minorías demográficas, significa la llave para procesos de transición democrática de carácter integral dentro de los cuales la autonomía se constituye en la estrategia de articulación de los indígenas a esos procesos.

Es necesario aclarar que la autonomía puede ser ejercida de manera diversa, sin que exista un esquema único para todas las circunstancias. Se dan los casos de una autonomía regional pluriétnica, como en Chiapas, aconsejable para situaciones en las que convivan mestizos y pueblos indios de diversos orígenes; puede ser una autonomía mono-étnica, como sucede en Oaxaca con los mixes, o con los yaquis, en Sonora; esto es, para el caso de una concentración territorial de un pueblo determinado. También, puede ser una autonomía personal-cultural para poblaciones que vivan en territorios dispersos o en ámbitos urbanos donde se localizan poblaciones indias, como en el caso de la Ciudad de México.

Así, la autonomía de los indígenas se ha erigido en la demanda central de organizaciones no solo indígenas, sino de un amplio abanico de partidos y organizaciones políticas. La autonomía se presenta como una de las formas del ejercicio del derecho a la libre determinación, e implica fundamentalmente el reconocimiento de autogobiernos comunales, municipales o regionales en el marco del Estado nacional. Autonomía no es independencia ni implica soberanía, elementos indispensables en la integración de un Estado.

Las propuestas de autonomía se plantean, por otra parte, como una distribución de competencias en los distintos niveles de la organización del gobierno y en torno a variadas atribuciones políticas, económicas, sociales y culturales; como un medio para definir formas de participación de etnias y pueblos dentro del actual Estado nacional en términos de programas sociales, políticos y económicos. En consecuencia, la autonomía organiza los mecanismos de participación de los autogobiernos indígenas en los espacios regionales y municipales, esto es, distribuye las distintas formas en que se expresa la autoridad indígena sobre espacios tanto locales, como regionales o municipales.

Las autonomías instituyen también formas de reconocimiento de derechos a entidades socioculturales en su carácter de pueblos, dentro de lo que se acepta como la tercera generación de los derechos humanos, esto es, los que se refieren a los derechos colectivos. En el caso de la etnias, el derecho a la autodeterminación cultural y política como garante de los derechos individuales y sociales que reconoce la Constitución. La propuesta de las autonomías supone la obligatoriedad del Estado nacional, de matriz liberal —que constitucionalmente se asume pluriétnico y plurinacional— de garantizar no solo las condiciones para el ejercicio del derecho individual, sino también los derechos colectivos de los pueblos en tanto entidades étnicamente diferenciadas.

De esta manera, se trata también de lograr procesos de concientización autonómica fundamentados básicamente en la formación de sujetos que hagan suya la autonomía. Los pueblos, en consecuencia, deben contar —dentro de una política compensatoria— con los instrumentos teóricos y los medios prácticos para la defensa de los derechos colectivos, a fin de facilitar la selección y preparación de sus líderes, dirigentes o representantes, hacia adentro y hacia afuera de sus autogobiernos, capacitados para operar como interlocutores válidos ante la sociedad nacional. Entre otros requisitos en esta dirección, habrá que establecer condiciones para procesos educativos formales e informales que faciliten tal propósito.

La necesidad de la inclusión de sus derechos colectivos, de sus derechos en tanto colectividades autónomas, en la Constitución, es una de las luchas más importantes que han emprendido los pueblos indios de México en los últimos años. Sin embargo, esta inclusión es considerada por algunos sectores al interior del gobierno federal como un factor de ruptura de la unidad nacional. Unidad nacional por cierto cuestionable ante la polarización social y los grandes desequilibrios regionales.

Los debates parlamentarios en torno a la inclusión de las autonomías en la Constitución tocan aspectos centrales que han puesto en evidencia el inherente racismo que impera en los círculos parlamentarios y gubernamentales, que no pueden concebir autogobiernos indígenas.

Si bien de lo que se trata es de aceptar y construir eventualmente un cuarto nivel de gobierno, conformado por las autonomías regionales, para lo cual se requieren reformas a una Constitución que evidentemente no las considera, de ninguna manera ello es atentatorio —ni en la teoría ni en la práctica— de la unidad nacional; más allá del cuestionable concepto de «unidad nacional» al que recurren los detractores de las autonomías, que entre otras cosas excluye y ha excluido los derechos colectivos de las etnias. No es atentatorio de la unidad nacional en la teoría porque el concepto de autonomía refiere en sí mismo a un sentido de pertenencia: se es autónomo solamente al interior de una entidad mayor que es soberana, de otra manera el concepto no sería autonomía, sino independencia; y no lo es en la práctica porque ninguna pueblo o comunidad india en México está demandando tal cosa.

Otro aspecto del debate se refiere a la posibilidad de reconocer los derechos colectivos de corte consuetudinario que puedan incorporarse al orden jurídico nacional, estatal o municipal, según sea el caso. En dicha posibilidad, se sostiene la necesidad de asegurarse que esos derechos colectivos sirvan para garantizar los derechos individuales de los indígenas como ciudadanos, y no para preservar formas ancestrales de marginación y discriminación que solapan la imposición de caciques y fuerzas políticas, que explotan a favor de sus intereses el sentimiento étnico. En este sentido, la propuesta de San Andrés señalaba que los pueblos indígenas tienen derecho a la protección de sus lenguas, sistemas normativos, usos y costumbres, siempre que no sean incompatibles con los derechos humanos definidos en las leyes del país y en los tratados internacionales.

En la medida en que cada etnia tiene una historicidad propia, atravesada por las fracturas ocasionadas por siglos de sojuzgamiento y marginación, tendrá que ser en la praxis concreta, en medio de procesos de diálogo y negociación, como se determinen las formas en que se puede hacer compatible el «derecho consuetudinario» indígena, con el derecho liberal que rige en el Estado. Desde luego, dentro de una lógica compensatoria orientada por una voluntad democrática y de respeto a la dignidad de la persona y de la colectividad.

El debate entonces debiera tender hacia la forma de hacer compatibles los derechos y la cultura indígenas —cuya existencia es incuestionable— con el derecho liberal estatuido por la Constitución, formulado sobre la base de una tradición que solo reconoce los derechos individuales, no así los de las colectividades en tanto tales.

Los Acuerdos de San Andrés

Después del levantamiento militar de los indígenas mayas en el estado de Chiapas el 1ro. de enero de 1994, articulados en torno al EZLN, los Acuerdos de San Andrés han sido hasta ahora el único producto de las negociaciones entre el gobierno federal y el EZLN. Estos Acuerdos se articularon en torno a mesas de trabajo en las que se discutieron las grandes temáticas que abarcan el universo de las demandas de los pueblos indígenas del país.

En la primera de estas mesas participaron la comandancia del EZLN y un equipo de asesores, entre los que se encontraban intelectuales y políticos de reconocido prestigio y de distintas posiciones político-ideológicas, así como representantes indígenas de numerosos pueblos; una representación del gobierno federal y su respectivo cuerpo de asesores, constituido principalmente por funcionarios públicos; la Comisión Nacional de Intermediación (CONAI) y la Comisión Nacional de Concordia y Pacificación (COCOPA), conformada por diputados y senadores de las fracciones parlamentarias de los distintos partidos políticos representados en el Congreso de la Unión.

De esta primera mesa surgieron los llamados Acuerdos de San Andrés, firmados el 16 de febrero de 1996, que a su vez nutrieron por consenso de las partes la «Iniciativa de ley COCOPA». Sin embargo, al poco tiempo de firmados los acuerdos, el propio gobierno federal los desconoció. Esto trajo como consecuencia la ruptura de un diálogo que a la fecha no se ha podido reiniciar.

El primer desconocimiento público de parte del gobierno federal a los acuerdos firmados fue un enorme retroceso en la tarea de reconstrucción el tejido sociopolítico de nuestro país. La lamentable acción del gobierno de Ernesto Zedillo Ponce de León echó por la borda el enorme esfuerzo dedicado a establecer consensos ante la confluencia de un grupo tan amplio de actores sociales que participaron en su redacción.[11]

Con el arribo de un nuevo titular del poder ejecutivo en el año 2000, después de la derrota electoral del Partido Revolucionario Institucional (PRI), que había gobernando al país durante los últimos setenta años, se promovió por parte de la fracción parlamentaria del nuevo partido gobernante en la Cámara de Senadores, una iniciativa de ley que retoma como punto de partida aquella que se conoce como «Ley COCOPA». Sin embargo, en el proceso legislativo que siguió, esta propuesta fue totalmente distorsionada en forma y contenido. A partir de ello, en abril del 2001, se aprueban reformas a la Constitución en materia de derechos y cultura indígenas, que significarían la clausura definitiva de la vía parlamentaria para avanzar en materia de la inclusión constitucional de las autonomías indígenas.

Las reformas aprobadas contienen impedimentos jurídicos hábilmente incrustados— que implican que a todo derecho reconocido o concedido se le impone una nota precautoria que acota, limita e impide la aplicación plena de las leyes y el ejercicio efectivo de esos derechos al referirlos injustificadamente a otros artículos de la propia Constitución o a leyes secundarias. Así por ejemplo, el Art. 2 reformado dice:

> El derecho de los pueblos indígenas a la libre determinación se ejercerá en un marco constitucional de autonomía que asegure la unidad nacional. El reconocimiento de los pueblos y comunidades indígenas se hará en las Constituciones y leyes de las entidades federativas, las que deberán tomar en cuenta, además,

los principios generales establecidos, criterios etnolingüísticos y de asentamiento físico.

Como se puede apreciar, las reformas remiten a leyes locales el reconocimiento de los pueblos indígenas y las características de la autonomía, lo cual no es favorable a este último, dada la correlación de fuerzas en esos ámbitos y la existencia de poderosos cacicazgos en las etnorregiones. El inciso A del mismo Art. 2, puntualiza:

> Las Constituciones y leyes de las entidades federativas establecerán las características de libre determinación y autonomía que mejor expresen las situaciones y aspiraciones de los pueblos indígenas en cada entidad, así como las normas para el reconocimiento de las comunidades indígenas como entidades de interés público.

Contradictoriamente con la esencia de las autonomías, en el mismo artículo, se instituyen programas asistenciales y clientelares que condenan nuevamente al indígena a un papel pasivo de la acción decisiva del Estado. El solo hecho de negar a las comunidades el estatuto de *entidades de derecho público,* y definirlas como de «interés público», ya evidencia una falta de voluntad democrática, en la medida en que, nuevamente, los regresa a la condición de entes tutelados de las políticas estatales de la que justamente quieren salir a partir de la autonomía.

De igual manera, las reformas desconocen los alcances de las autonomías en los ámbitos municipales y regionales en que los pueblos indígenas los hagan valer, cuestión establecida con toda claridad en los Acuerdos de San Andrés y cuya importancia radicaba en que abrían la posibilidad para la reconstitución de estos pueblos. Los Acuerdos de San Andrés incluían «el reconocimiento en la legislación nacional de las comunidades como entidades de derecho público, y el derecho de asociarse libremente en municipios con población mayoritariamente indígena…».

De esta manera es que las reformas se convierten en auténticas contrarreformas, en la medida en que eliminan constitucionalmente la posibilidad y el derecho de las comunidades a ser parte autónoma, integrante y activa, en lo político, lo jurídico y lo administrativo, del Estado.

De hecho la reforma presenta incongruencias y condicionamientos que constituyen verdaderos retrocesos frente a otras leyes en el país y frente a los tratados internacionales en la materia. Este es el caso de la aprobada en Oaxaca, en donde se logra definir claramente conceptos como pueblo, comunidad, territorio, libre determinación o autonomía, aplicados a esa entidad.

Específicamente, la reforma efectuada violentó los Acuerdos de San Andrés al establecer lo siguiente:

a) Sustituir las nociones de tierras y territorios por «lugares», lo cual en los hechos desterritorializa a los pueblos, les sustrae de su base material de reproducción como tales, y constituye incluso un retroceso con respecto a lo establecido en el Convenio 169 de la Organización Internacional del Trabajo, que nuestro país ha firmado y ratificado. La sustitución pasó por alto el consenso alcanzado durante las negociaciones de San Andrés, que dieron como resultado su inclusión explícita en los Acuerdos posteriormente firmados. En dichos Acuerdos se define: «Territorio: Todo pueblo indígena se asienta en un territorio que cubre la totalidad del hábitat que los indígenas ocupan o utilizan de alguna manera. El territorio es la base material de su reproducción como pueblo y expresa la unidad indisoluble hombre-tierra-naturaleza». Mientras en la propuesta de la COCOPA quedaba claramente establecido el derecho de «acceder de manera colectiva al uso y disfrute de los recursos naturales de sus tierras y territorios […] salvo aquellos cuyo dominio directo corresponde a la nación», la reforma aprobada acota: «Acceder, con respeto a las formas y modalidades de la propiedad y la tenencia de la tierra establecidas en esta Constitución y a las leyes en la materia, así como a los derechos adquiridos por terceros o por integrantes de la comunidad, al uso y disfrute preferente de los recursos naturales de los lugares que habitan y ocupan las comunidades…».

b) Eliminar el concepto de «pueblo» y sustituirlo por el de «comunidades» y con ello trastocar el sujeto de la ley reconocido en los Acuerdos de San Andrés y en el propio Convenio 169 de la OIT, y de esta manera limitar las competencias locales y regionales de estas entidades jurídico-políticas.

c) Introducir las contrarreformas neoliberales al artículo 27 constitucional a partir de las cuales se permite la venta de las tierras comunales y ejidales. Esta presencia del artículo 27, violentó un compromiso al que llegaron el EZLN y el gobierno federal durante las negociaciones de San Andrés, de no introducir referencias directas de este artículo en las reformas constitucionales mientras no se discutiera en una mesa posterior (en la mesa 3) el tema de «Bienestar y desarrollo».

d) Limitar la posibilidad de que los pueblos indígenas adquieran sus propios medios de comunicación. Mientras que los acuerdos de San Andrés planteaban que «a fin de propiciar un diálogo intercultural desde el nivel comunitario hacia el nacional […] es indispensable dotar a estos pueblos de sus propios medios de comunicación. Por tanto se propondrá a las instancias nacionales respectivas la elaboración de una nueva ley de comunicación que permita a los pueblos indígenas adquirir, operar y administrar sus propios medios de comunicación», la reforma aprobada solo concede:

«establecer condiciones para que los pueblos y las comunidades indígenas puedan adquirir, operar y administrar medios de comunicación, en los términos en que las leyes en la materia lo determinen».

En síntesis, las reformas realizadas afectan el desarrollo social, económico y político de los pueblos indígenas y, sobre todo, impiden el ejercicio y desarrollo de las autonomías.

Las demandas de autonomía implican que los pueblos indígenas puedan ser reconocidos como sujetos de derechos políticos colectivos e individuales, con capacidad para definir sus propios procesos económicos, decidir sus formas comunitarias y regionales de gobierno, su participación en los órganos de jurisdicción estatal y representación popular, el aprovechamiento de sus recursos naturales y la definición de sus políticas culturales y educativas, respetando los usos y las costumbres que les dotan de identidad y les permiten resistir la hegemonía de un Estado y un régimen político que los ha mantenido olvidados y marginados durante siglos.[12]

La autonomía también actúa como una política de compensación apoyada por una voluntad política de un Estado democrático. No se trata solamente de reconocer derechos sobre tierras o gobiernos locales, sino que se trata también de establecer fondos y políticas nacionales para desarrollar las etnorregiones con servicios públicos, programas económicos, de salud, educación, vivienda y otros.

Así como los pueblos indios mostraron una vez más su capacidad organizativa, al presentar 361 controversias constitucionales en contra de las reformas aprobadas, en la misma medida el Estado mexicano, a través de la suprema Corte de Justicia de la Nación (SCJN), vino a confirmar su carácter excluyente. El máximo órgano del poder judicial optó por la vía fácil de declararse sin facultades para revisar las reformas y adiciones a la Constitución y el procedimiento ilegal que les da origen, cerrando de esta manera el cerco del Estado mexicano contra las autonomías indígenas.

Con todo, la simple presentación de las controversias constitucionales ya representó en sí un paso adelante en la construcción de la autonomía indígena, porque ese enorme esfuerzo de organización, disciplina y profesionalismo de los municipios indígenas manifestó los niveles de preparación de una intelectualidad indígena que, acompañada por los dirigentes del movimiento, asesores y la sociedad civil, ha roto con la tradicional dependencia que otrora mantenía con respecto a los organismos del Estado.

El gobierno federal, el Congreso en ambas cámaras y el poder judicial no supieron evaluar el enorme avance que para la sedimentación de un verdadero Estado democrático significan los Acuerdos de San Andrés. Por esa misma razón, desdeñaron y desdeñan el proceso que implicó llegar a construir tales acuerdos entre todos los participantes y, más aún, les tiene sin cuidado seguir adelante con las demás mesas de discusión que se pactaron con el EZLN.

El EZLN supo entender el significado profundo de la autonomía y la trascendencia de los Acuerdos de San Andrés. El EZLN sigue exigiendo el cumplimiento de tales acuerdos, pero el pacto y el acuerdo principal que se firmó por aquellos días no fueron solo con el gobierno. El EZLN reiteradamente está pidiendo refrendos del acuerdo pactado entre la sociedad civil que, junto con ellos generó un frente de oposición al gobierno y la clase política. Aquel pacto, que simbólicamente se materializa en los Acuerdos de San Andrés, viene a ser ni más ni menos, el pacto de recomposición que desde abajo se le está dando a la crisis de reproducción del capital y al proceso de debilitamiento de los estados nacionales que esta crisis ha generado en México. Por ello, el EZLN declaró:

> Hoy, después de dos meses de debate público, el documento del 29 de noviembre [de 1996] ya no es solo la iniciativa de una

comisión del legislativo, sino la propuesta de un amplio sector de la sociedad civil rural y urbana que reconoce la pertinencia de las reformas contenidas en el texto de la COCOPA, que se torna entonces sumamente importante. Un hito en la historia del país: por vez primera se escucha a amplios sectores de la sociedad. Por primera vez un proyecto de ley, de tal importancia, se construye desde múltiples rincones. Por primera vez se consensa en múltiples espacios de expresión y participación independiente. Por primera vez el legislativo redacta una propuesta de ley como expresión de esas aspiraciones ciudadanas. Por primera vez existe un respaldo social amplio, al cuerpo legislativo en su trabajo de elaborar leyes.[13]

Por tal razón se busca por todos los medios que el ejemplo de los municipios autónomos zapatistas y de los *caracoles* (lugar de residencia de las Juntas de Buen Gobierno) no se extienda por todo el país. El Estado mexicano hace uso de multiplicidad de recursos para borrar del mapa político nacional a las autonomías indígenas.

También ha habido quienes, sin necesidad de ser cooptados por el gobierno, se han dejado llevar por impulsos e incomprensiones del proceso en su conjunto; tal fue el caso de un grupo de asesores que durante el proceso de diálogo del que emanaron los Acuerdos de San Andrés, no respetó los mecanismos de participación acordados previamente con los zapatistas, atacó el texto negociado y a quienes lo apoyamos.[14] Ese grupo, que optó por considerar sus posiciones como irreductibles, sentenció que si no se establecía un régimen de autonomía regional, con un cuarto nivel de gobierno, entre los municipios y los poderes estatales, se traicionaba al movimiento indígena y a la autonomía misma, minimizando lo hasta ahí logrado.

Fue imposible en los términos de constante golpeteo político y militar en que se llevó a cabo la negociación obtener del Estado mexicano, impulsor de políticas racistas y estrategias contrainsurgentes, la autonomía regional para los pueblos indígenas. También prevaleció la idea de construir autonomías desde abajo, que respetaran la diversidad y heterogeneidad de las propias culturas y las construcciones políticas de cada comunidad, municipio y región con población indígena. Por consiguiente, un patrón único regional de autonomía podía afectar en forma negativa la misma multiculturalidad del mundo indígena y el traslape territorial con el resto de la población asentada en muchos estados. El federalismo ha sido la forma histórica de organizar el Estado y la nación, sostener la autonomía regional contra viento y marea acarreaba múltiples conflictos adicionales con un gobierno que a duras penas aceptó, para luego traicionar, lo logrado en San Andrés, alejando la posibilidad de una solución pacífica entre las partes.

Como bien se planteó en el documento *Punto y seguido*, elaborado por el cuerpo de asesores en La Realidad, ni las autonomías ni los acuerdos de San Andrés son una panacea para la problemática indígena. Constituyen tan solo un paso fundamental en la lucha por el reconocimiento de las formas de gobierno indígena. Este carácter instrumental de la autonomía es lo que se debe resaltar, así como la conformación del sujeto autonómico que se apropie de los presupuestos teóricos y las prácticas políticas, sociales y culturales de las autonomías.

El significado de los Acuerdos de San Andrés en el 2013

El zapatismo impone la problemática indígena en el debate nacional y obliga al Estado mexicano a negociar los Acuerdos de San Andrés en materia de derechos y cultura indígenas, los cuales independientemente de la traición de la clase política y de los tres poderes de la Unión, constituyen una plataforma programática para los procesos autonómicos de los pueblos indios de México que se han desarrollado durante estos diecisiete años y un referente necesario para las lucha de resistencia contra las corporaciones del capital depredador neoliberal. A diferencia de muchos sectores sociales, el EZLN y los pueblos indios cuentan con una estrategia, la autonomía, para resistir los embates de estas políticas neoliberales, defender los patrimonios naturales y recursos estratégicos propios y nacionales, con un proyecto civilizatorio distinto al que ofrece el capitalismo mundial.

En el diálogo de San Andrés, los zapatistas entregan la interlocución con el gobierno federal a la sociedad civil y particularmente a los representantes de los pueblos indios, sin otra condición que lograr el consenso de sus asesores en los acuerdos que presentaría la comandancia zapatista en la mesa de negociación.[15] Un mérito político innegable del EZLN es que haya iniciado una amplia y compleja convergencia ciudadana y sectorial, tanto en México, como en el ámbito internacional, dirigida a la comprensión de una realidad indígena negada secularmente, abriendo el diálogo de paz a una representación amplia y genuina de la sociedad civil mexicana. Resultó insólito, en una mesa de diálogo entre una organización político-militar y un gobierno, la incorporación a la misma, a través de la figura de «asesor» e «invitado» del EZLN, de más de mil personas provenientes de una amplia gama de organizaciones políticas, sociales, gremiales, académicas, periodistas, escritores, dirigentes políticos, especialistas y analistas de las ciencias sociales. Especialmente importante fue la presencia de representantes de alrededor de 40 pueblos de la abigarrada realidad étnica del país, quienes tuvieron la oportunidad de exponer sus ideas y hacer sus propuestas, en un complejo mecanismo de negociación a través del cual los zapatistas trasformaron su diálogo en un espacio de debate incluyente y nacional. Tal era la autoridad moral y política de la delegación zapatista, que el gobierno invitó a dirigentes indígenas de organizaciones afines al PRI para contrarrestar a su contraparte en este terreno; cuál no sería la sorpresa de todos, que en el momento de iniciar el diálogo, estos dirigentes oficialistas declararon su total apoyo «a los hermanos del EZLN», e incluso, les solicitaban permiso para hablar. El proceso incluyó la realización de foros sobre los temas de derechos indígenas y democracia y justicia, mismos que a su vez, fueron el marco de la conformación de instancias de coordinación, como el Congreso Nacional Indígena, que reunió a activistas y representantes de un sinnúmero de organizaciones indígenas independientes del país.

El proceso de diálogo fue una universidad de cómo hacer política a partir de la participación colectiva y sin que mediara el individualismo competitivo o el interés corporativo.[16] En San Andrés se practicó una cultura política diferente a la que impuso el sistema de partido de Estado por más de setenta años, misma que trasminó lamentablemente a la izquierda partidista, la cual asumió todos los vicios del priismo, perdiendo en el camino las cualidades de entrega, disciplina, camaradería y honestidad que la distinguieron en años de luchas memorables. Se dio la posibilidad de realizar reflexiones de fondo sobre las formas y contenidos de la cultura política existente y de las maneras como se encaran las diferencias, cuando se trata de llegar a resultados de interés general. Surgieron en esas largas sesiones formas nuevas de pensar y practicar la política en un país en el que el régimen de partido de Estado pervirtió o mediatizó muchos de los esfuerzos por remontar, desde la izquierda, la fatal dicotomía de cooptación-represión en que dicho régimen se imponía, y que el dicho popular sintetiza en la escalofriante disyuntiva de «plata o plomo». En el momento de negociar, la parte gubernamental se enfrentó a una realidad inusitada. No podían cooptar ni manipular un movimiento que sostenía un principio simple pero inexpugnable: la defensa de la dignidad. Ese régimen político, tan acostumbrado a los tratos tutelares, tan convencido de que podía corromper a todos y lucrar con las necesidades de la gente, tan dado a voltear hacia los humildes tan solo en coyunturas electorales, no lograba entender que la dignidad no se negocia. Así, en el diálogo se enfrentaron dos culturas políticas disimiles e irreconciliables, y si se sostuvo la negociación durante esos años fue gracias a la voluntad política del EZLN y a la representatividad nacional (e internacional) del acompañamiento y apoyo que logró concitar esta organización. También se enfrentaron dos estrategias de negociación; por un lado, el EZLN, que abre el espacio para que la sociedad mexicana plantee un nuevo proyecto de nación; por el otro, un Estado contrainsurgente que fue incapaz de cumplir con la palabra empeñada con la firma de los Acuerdos.

Desde el momento en que irrumpió el EZLN en la escena nacional, los días del indigenismo estaban contados. El diálogo de San Andrés fue la festiva celebración de sus funerales, y aunque todavía sus fantasmas se aparecen en ámbitos regionales y comisiones presidenciales, no existe hoy quien reclame su continuidad y pertinencia. El EZLN, con su proyecto de autonomías que se consolida con las Juntas de Buen Gobierno, cierra el ciclo de la dependencia y el paternalismo y, con ello, cancela toda relación de clientelismo y corporativismo que practicó el Estado mexicano, con la debida asesoría antropológica. El reconocimiento a la *libre determinación* de los pueblos indígenas a través de la *autonomía*, que establecen los acuerdos de San Andrés, identifica derechos y responsabilidades de sujetos sociales considerados *pueblos*, lo que en los hechos rompe con el cordón umbilical del indigenismo como política estatal hacia los indígenas y de las políticas corporativas del *régimen de partido de Estado* que por muchos años sometieron política e ideológicamente a esos pueblos. La esencia de la autonomía indígena subyacente en San Andrés, y en aquellas de *facto* desarrolladas por los zapatistas y otros pueblos indígenas de México, es que crea las condiciones para ampliar y desarrollar las potencialidades de sujetos autonómicos para que tomen en sus manos no solo los asuntos que les competen, sino también para incidir en la vida nacional. Este hecho, la *conformación del sujeto autonómico*, de alcance y presencia nacionales, con lealtades armónicamente compartidas entre sus reivindicaciones propiamente étnicas y los proyectos democráticos de carácter nacional-popular, es la mayor conquista de estos años de lucha a partir del 1ro. de enero de 1994. Las autonomías indígenas y la conformación de un sujeto político y social representan la alternativa liberadora de las estructuras corporativas del sistema de partido de Estado que imperó en México durante décadas y de la política asistencialista del indigenismo oficial. Por ello, para el Estado oligárquico mexicano es inadmisible la existencia y actuación políticas de un sujeto independiente de sus mecanismos de control y mediatización. El gobierno y las élites políticas de este país deberán acostumbrarse a la presencia vital de los pueblos indios en la vida de la nación, hablando por sí mismos y reclamando sus derechos seculares. Como destacó recientemente el subcomandante insurgente Moisés: «No nos volverán a Joder».

En la Mesa de Derechos y Cultura Indígenas, todos los documentos que derivaron en los Acuerdos de San Andrés, surgidos de las diversas fases del diálogo, fueron objeto de acaloradas y ricas discusiones para arribar al consenso, que fue el único condicionante de la dirigencia zapatista a sus asesores e invitados. Este proceso culmina con la firma de los únicos Acuerdos a que arribaron las partes, en los que autonomía, libre determinación, normas jurídicas y sistema de justicia internas, fueron la base de estos acuerdos. Su firma por las partes representa el principal triunfo político de los zapatistas. El contenido de todos los documentos en materia de derechos y cultura indígenas constituye, a la fecha, un referente de alcances históricos. Los asesores, junto al EZLN, firmamos un documento denominado «Punto y seguido», en el que expresábamos que el diálogo de San Andrés no era un lugar de llegada sino el inicio de un proceso y de una estrategia de largo alcance encaminado a hacer realidad la libre determinación y la autonomía, en un México democrático, a partir de las alianzas del movimiento indígena con el movimiento popular y nacional.

La fortaleza que le dio el EZLN al movimiento indígena nacional es, precisamente, esa visión de conjunto de la problemática del país. La propuesta de las autonomías indígenas que se consensa en San Andrés, con la presencia representativa de centenares de dirigentes indígenas del todo el país y especialistas en la materia participando en las discusiones más profundas que se han dado en ese campo, se fundamenta en una perspectiva de largo aliento encaminada a la democratización del país: se busca una *reforma profunda del Estado y la sociedad* que modifique la esencia misma del pacto social; que otorgue derechos no solo a los individuos y a los ciudadanos sino también a las colectividades, a los pueblos diferenciados del resto de los mexicanos; que provoque un cambio en las mentalidades y en las formas de relación entre indios y no indios. No es una forma para aislarse o replegarse en los límites de los pueblos y las comunidades sino, por el contrario, es el camino para una unión de iguales en una multifacética y pluralista sociedad nacional.

Durante todos estos años, en cumplimiento de los acuerdos de San Andrés, el EZLN ha dado muestra de una extraordinaria capacidad de adaptación e innovación, sin tirar por la borda principio alguno, aportando en temas cruciales, como el que dio curso a la incorporación plena de mujeres y jóvenes a todos los ámbitos de los procesos autonómicos de facto, educando a las nuevas generaciones en preceptos pedagógicos liberadores, asumiendo la dignidad y la solidaridad como brújula rectora de la convivencia social, el gobierno como servicio, amasando, a su manera, las ancestrales utopías revolucionarias.

Es significativo que 19 años después, el 21 de diciembre de 2012, los mayas zapatistas organizados en el EZLN volvieran sobre sus pasos de 1994, y esta vez sin armas, se *tomaran* simultáneamente cinco ciudades del inicio de su movimiento: San Cristóbal de las Casas, Altamirano, Las Margaritas, Palenque y Ocosingo. En silencio, perfecta sincronía, organización y simultaneidad, más de 40 mil

hombres y mujeres integrados en los contingentes de la multietni-
cidad que ha caracterizado al zapatismo, salieron en la madrugada
de ese día de vaticinios de fin de mundo e inicios de nueva era,
para cumplir, una vez más, otra cita con la historia de este país de
la impunidad en el gobierno y de pueblos que resisten con la dignidad y el *mandar obedeciendo* que el EZLN ha establecido como efectiva y real alternativa democrática. Precedidos siempre de la acción,
antes que la palabra hueca de la clase política, este singular desfile
de columnas de los mayas zapatistas que sin excepción, incluyendo
niños, subieron −con el puño en alto− a tarimas situadas frente
a los palacios de gobierno de las cabeceras municipales ocupadas
y flanqueadas por la bandera nacional y la rojinegra de esta organización, ratificaron con este hecho simbólico quiénes son los que
mandan y protagonizan esta lucha que cumple diecinueve años de
hacerse pública y que ha estremecido al mundo de la emancipación
y las rebeldías.

La reciente reaparición del EZLN en Chiapas y los comunicados del Comité Clandestino Revolucionario Indígena-Comandan-
cia General del 2013 constituyen una demostración de la fortaleza
de este movimiento surgido de la imbricación de las luchas de liberación nacional en América Latina con el mundo indígena, matriz
civilizatoria de la nación mexicana que ha prevalecido pese a los
intentos de los poderes oligárquicos de todos los signos políticos
por borrarlos como pueblos con identidad, cultura y gobiernos
propios.

Las experiencias de la nueva autonomía que se han establecido
en territorio de hegemonía zapatista marcan la diferencia de la
nueva era, en la que los pueblos viven en la dignidad que otorga una
forma de expresión del poder popular, sin burocracias ni media-
ciones. Todo ello se fundamenta en los Acuerdos de San Andrés;
a diecisiete años de su firma, podemos constatar su vigencia, y la
fortaleza política de la organización que los hizo posible.

Capítulo 2
Luchas autonómicas paradigmáticas

Chiapas y las Juntas de Buen Gobierno

Después que el Ejército Zapatista de Liberación Nacional mantuvo una estrategia de reconstrucción de su base social más cercana,[1] aparece en el ámbito nacional con una nueva iniciativa política, las Juntas de Buen Gobierno, en la que se profundiza el proceso de operación práctica de la autonomía en los territorios en los que tiene presencia política, militar y organizativa.

El largo proceso de lucha por el reconocimiento de los derechos y la cultura indígena enarbolado por el EZLN tiene múltiples implicaciones dentro del establecimiento de una relación distinta entre los pueblos indígenas y el Estado mexicano. Esta es, sin más, la apuesta de la autonomía que este movimiento ha mantenido a lo largo de sus continuas interlocuciones con el Estado a lo largo de casi una década; en este sentido lo entiende por ejemplo, el intelectual indígena Francisco López Bárcenas.

> En su versión interna puede concretarse en la decisión de un pueblo tomada de manera libre para continuar perteneciendo al Estado al que estaba integrado. Esa forma de ejercer la libre determinación se convierte en autonomía, por eso es que se dice que la autonomía es una forma de ejercicio de la libre determinación; en la otra, como ya dijimos, el pueblo se vuelve soberano el mismo, mientras en la autonomía la soberanía radica en el pueblo todo, de la cual los pueblos indígenas son solo una parte.[2]

Bajo el auspicio de este complejo frente de dominación y sometimiento mundial, el proceso autonómico zapatista se caracteriza por la tendencia a profundizarlo con base en la práctica de la autocrítica de sus comunidades y bases de apoyo. Un proceso en el que, de una u otra manera, se han involucrado variados sectores de la sociedad mexicana.

La participación de la llamada «sociedad civil» también ha sido significativa, a tal grado que ha *contaminado* el proceso autonómico en las comunidades rebeldes, pues ha logrado influir en algunas de sus decisiones, por lo menos en lo que respecta a su estrategia externa. Pero también ha diseminado la semilla de la autonomía por todo el país y en el mundo entero; a tal grado que así como los zapatistas siguen con interés la problemática del país vasco y alientan los espacios autonómicos en todo México, de indígenas y no indígenas, el movimiento por una globalización alternativa y la izquierda italiana, por citar los ejemplos más visibles, apoyan solidariamente las iniciativas zapatistas.

Precisamente con tales alcances e implicaciones, el zapatismo ha optado por reestructurarse en el ámbito de sus fronteras civiles; es decir, en los alcances de su propia propuesta autonómica. Después de la negativa de la clase política y los poderes del Estado a reconocer los derechos de los pueblos contemplados en los Acuerdos de San Andrés, y modificar la Constitución para dar cabida a esos derechos, al movimiento zapatista no le quedaba más alternativa que profundizar en los hechos el proceso que había iniciado siete años atrás. Sin embargo, los anuncios de los mandos civiles y militares del zapatismo constituyeron una respuesta a una situación única en su género: la relación contrahegemónica con las estructuras gubernamentales, pero también con los sectores sociales que intentan solidarizarse, no siempre de una manera afortunada, con las comunidades indígenas en rebeldía. Esto es, el contacto con las personas provenientes de otros lugares dentro y fuera del país ha dado pauta para que la propuesta autonómica del zapatismo se modifique, aunque sea de manera transitoria, o mientras dure el actual proceso que las comunidades pertenecientes al EZLN llaman de «resistencia».

El EZLN ha anunciado que las Juntas de Buen Gobierno nacen para cumplir las siguientes funciones:

- Contrarrestar el desequilibrio en el desarrollo de los municipios autónomos y de las comunidades.

- Mediar en los conflictos que pudieran presentarse entre municipios autónomos, y entre municipios autónomos y municipios gubernamentales.

- Atender las denuncias contra los Consejos Autónomos por violaciones a los derechos humanos, protestas e inconformidades, investigar su veracidad, ordenar a los Consejos Autónomos Rebeldes Zapatistas la corrección de estos errores, y vigilar su cumplimiento.

- Vigilar la realización de proyectos y tareas comunitarias en los Municipios Autónomos Rebeldes Zapatistas, cuidando que se cumplan los tiempos y las formas acordados por las comunidades; y promover el apoyo a proyectos comunitarios en los Municipios Autónomos Rebeldes Zapatistas.

- Vigilar el cumplimiento de las leyes que, de común acuerdo con las comunidades, funcionen en los Municipios Rebeldes Zapatistas.

- Atender y guiar a la sociedad civil nacional e internacional para visitar comunidades, llevar adelante proyectos productivos, instalar campamentos de paz, realizar investigaciones (que dejen beneficio a las comunidades), y cualquier actividad permitida en comunidades rebeldes.

• De común acuerdo con el CCRI-CG del EZLN, promover y aprobar la participación de compañeros y compañeras de los Municipios Autónomos Rebeldes Zapatistas en actividades o eventos fuera de las comunidades rebeldes; y elegir y preparar a esos compañeros y compañeras.

• Realizar labores administrativas y de gobierno al interior de los municipios autónomos, buscando salvaguardar el propio espacio de planificación e independencia requerida para reproducir y hacer viable, en las condiciones excepcionales existentes, el proyecto de los Municipios Autónomos Rebeldes Zapatistas.

• En suma, cuidar que en territorio rebelde zapatista el que mande, mande obedeciendo.[3]

La opción por la autonomía ha sido una constante del EZLN en su discurso y en su agenda programática. Ante el acoso gubernamental, que por un lado ofrece negociar y por el otro despliega una estrategia de contrainsurgencia en la que apoya la creación de bandas paramilitares, la Comandancia General del EZLN ha buscado poner en práctica el proyecto autonómico, a la vez que ha impulsado iniciativas que tiene como finalidad la construcción de una alternativa democrática a nivel nacional y de relación igualitaria entre los pueblos del mundo.

Puede decirse que ante cada embate proveniente del lado gubernamental, el EZLN ha respondido con una iniciativa constructiva para destrabar los obstáculos que impiden el diálogo y el quehacer político, rompiendo el aislamiento impuesto por el cerco militar y mediático. La estrategia del EZLN por tratar de establecer la autonomía se remonta al 19 de diciembre de 1994 cuando los zapatistas, circunscritos según el gobierno federal y estatal a tan solo 3 municipios, aparecieron en 38 de los 110 municipios en los que está dividido el estado de Chiapas.

Finalmente, se anunció la creación de 32 municipios rebeldes que elegirían democráticamente a sus propias autoridades: con lo que reestructuraban en los hechos la organización administrativa municipal reconocida en la Constitución local. En ese contexto, la iniciativa de los caracoles, que sustituyen a los Aguascalientes, retoman la tarea de ser puntos de encuentro entre las comunidades zapatistas y la sociedad civil nacional e internacional. Sin embargo, replantean la relación hasta el momento establecida, pues, a lo largo del tiempo el vínculo entre la «sociedad civil» y la base social insurgente ha tendido a deteriorarse, y si desde un principio las comunidades indígenas zapatistas pregonaron el respeto a su dignidad, por momentos este se ha visto sustituido por la compasión, como el mismo vocero del grupo rebelde lo afirma.

> Con no pocas personas hemos insistido en que la resistencia de las comunidades zapatistas no es para provocar lástima, sino respeto. Acá, ahora, la pobreza es un arma que ha sido elegida por nuestros pueblos para dos cosas: para evidenciar que no es asistencialismo lo que buscamos, y para demostrar, con el ejemplo propio, que es posible gobernar y gobernarse sin el parásito que se dice gobernante».[4]

Las funciones de los caracoles, además de una forma de enlace civil entre los zapatistas y el exterior, abarcan la impartición de justicia, la salud comunitaria, la educación, la vivienda, la tierra, el trabajo, la alimentación, el comercio, la información, la cultura y el tránsito local. Son instancias que conectan a varios municipios autónomos de las distintas regiones en las que el EZLN mantiene su hegemonía. A su vez, «los consejos autónomos están integrados por un presidente, secretario, ministro de justicia, de asuntos agrarios, del comité de salud, de educación y el responsable del registro civil».[5]

La iniciativas dadas a conocer por los mayas zapatistas tienden a profundizar el proceso de autonomía y, en consecuencia, a hacerlo operativo y viable ante nuevos desafíos y circunstancias. Ya desde hace algún tiempo se empezaba a notar el trato distinto que las comunidades zapatistas estaban pidiendo a los actores con los que mantienen una relación de colaboración constante. Por ejemplo, las organizaciones no gubernamentales (ONG) únicamente podrían entrar a realizar un proyecto si es que las comunidades lo requerían o era solicitado directamente por ellas. Ahora, se aplicará el llamado «impuesto hermano» que asciende a un 10% de la inversión total de cualquier proyecto, para tratar de compensar un desarrollo desigual en las comunidades que por estar más cerca de los centros urbanos, como Oventic, o ser más conocidos, como La Realidad, eran privilegiados por sobre aquellos que necesitan con urgencia un apoyo solidario.

Un ejemplo visible de cómo las propias comunidades empezaron a organizar su autonomía es el caso de la Red de Defensores Comunitarios que, tratando de evitar el proceso de observación «humanitaria» al que eran sometidos continuamente por los organismos de derechos humanos, se organizaron para ser ellos mismos los «observadores» y «defensores» de sus derechos. De esta forma, la información que se presenta a la prensa o a otras organizaciones enclavadas fuera de las comunidades indígenas, es recabada por miembros de la propia comunidad a partir de las denuncias a las violaciones a sus derechos humanos, civiles y comunitarios que observan de manera directa.

De la misma manera, la necesidad imperiosa de romper con la dependencia del exterior, aunque se sostenga en instituciones y organismos que actúan de «buena fe», ha generado que las propias comunidades zapatistas cuenten hoy con un programa educativo que funciona mediante promotores educativos surgidos de las comunidades, y que se dedican de tiempo completo a impartir cursos de nivel básico en las escuelas construidas y administradas por las comunidades en resistencia. De esta manera, intentan romper con el lastre del asistencialismo, aunque se presente como «solidario», que desde la década de los setenta se elaboró en los escritorios de las burocracias gubernamentales para «integrar» a los indios al mundo «del desarrollo».

También en cuestión de servicios médicos los municipios autónomos zapatistas han impulsado un programa sanitario que contempla la figura de «promotores». Actualmente cuentan con varias clínicas asentadas en los municipios de Oventic y La Realidad, y seis micro-clínicas más que se distribuyen a lo largo de la geografía de los municipios autónomos.

Las comunidades zapatistas analizaron la experiencia previa negativa del prestador de servicio social que mandaba el gobierno para atender los requerimientos de salud, quien muchas veces permanecía en las comunidades más por obligación que por convicción, y que se marchaba en un periodo determinado sin capacitar a los miembros de la comunidad sobre los cuidados mínimos de salud. Esta experiencia resultó en la decisión de construir la autonomía también en el ámbito de la salud.

La negativa de los zapatistas a recibir apoyo financiero gubernamental se fundamenta en la convicción de construir un desarrollo basado en sus necesidades, en un desarrollo sustentable enraizado en sus propios esfuerzos. Por eso mismo, han optado por desarrollar cooperativas de café orgánico, de tejidos artesanales, de apicultura, zapatería y otras.

Los zapatistas han observado que una de las características de la política neoliberal del Estado es la destrucción de los recursos naturales y humanos de sus comunidades: la inviabilidad de sus cultivos, la dispersión de sus comunidades, la negación de sus valores. La autonomía les ha servido a los zapatistas para frenar la exportación de mano de obra hacia el exterior, combatir el analfabetismo, el alcoholismo y la desnutrición.

Hasta el momento no se puede decir que la estrategia de los zapatistas haya sido totalmente exitosa, pero hay que reconocer que han dado un salto gigantesco en la construcción de su futuro autonómico. Y esto se ha logrado debido a que el EZLN ha resistido y se ha manifestado como una sociedad de seres libres que saben decidir por sí mismos. Pablo González Casanova afirma al respecto:

> La dimensión y profundidad que alcanza el nuevo proyecto zapatista corresponde a la capacidad que ha mostrado este movimiento para redefinir su proyecto rebelde en los hechos y también los conceptos, manteniendo al mismo tiempo sus objetivos fundamentales de un mundo con democracia, libertad y justicia para todos.[6]

Es necesario recalcar que con la iniciativa de las Juntas de Buen Gobierno instaladas en los cinco caracoles, la influencia zapatista abarca más de la mitad del territorio chiapaneco. También, un grupo armado como es el EZLN ha dejado la administración y el gobierno de los Municipio Autónomos a las autoridades civiles. Es de destacar esta iniciativa, porque no obstante las condiciones de hostigamiento que sufren los municipios rebeldes, sus mandos militares le apuestan a la administración civil para evitar vicios de concentración de mando y visiones militaristas en la acción de gobierno.

González Casanova interpreta que:

> El nuevo planteamiento de los caracoles no solo redefine con claridad conceptos que se prestaron a las más distintas interpretaciones, debates y hasta oposiciones. Articula y propone un proyecto alternativo de organización (a la vez intelectual y social) que, arrancando de lo local y lo particular, pasa por lo nacional y llega a lo universal [...] La concreción del proyecto se da al convertir las luchas por las autonomías y la creación

de autonomías en redes de pueblos autónomos. Se trata de un programa de acción, de conocimiento, de perseverancia y dignidad para construir un mundo alternativo, organizado con respeto a las autonomías y a las redes de autonomías. Su propósito es crear con las comunidades, por las comunidades y para las comunidades, organizaciones de resistencia que desde ahora formen mallas a la vez articuladas, coordinadas y autogobernadas que les permitan mejorar su capacidad de contribuir a que otro mundo sea posible.[7]

A 28 años de la fundación del EZLN

Veintiocho años han pasado desde que en las entrañas indígenas de Chiapas se formó la organización política que a partir de 1994 sería conocida como Ejército Zapatista de Liberación Nacional. La rebelión armada del EZLN se fundamentó en la aplicación del artículo 39 constitucional, que a la letra dice:

> La soberanía nacional reside esencial y originariamente en el pueblo. Todo el poder público dimana del pueblo y se instituye para beneficio de este. El pueblo tiene, en todo tiempo, el inalienable derecho de alterar o modificar la forma de su gobierno.

La *Primera declaración de la selva Lacandona* (1993) asentaba:

> Nuestra lucha se apega al derecho constitucional y es abanderada por la justicia y la igualdad […] Tenemos al pueblo mexicano de nuestra parte, tenemos patria y la bandera tricolor es amada y respetada por los combatientes insurgentes, utilizamos los colores rojo y negro en nuestro uniforme, símbolos del pueblo trabajador en sus luchas de huelga, nuestra bandera lleva las letras EZLN, Ejército Zapatista de Liberación Nacional, y con ella iremos a los combates siempre.

Fue premonitorio, dados los tiempos que vivimos, que en este documento el EZLN advirtiera:

> Rechazamos de antemano cualquier intento de desvirtuar la justa causa de nuestra lucha acusándola de narcotráfico, *narco-guerrilla*, bandidaje u otro calificativo que puedan usar nuestros enemigos.

Desde su irrupción en los ámbitos políticos nacional e internacional, el EZLN significó una refutación innegable a las ideas que pretendían imponerse después de la desaparición de la Unión Soviética y el campo socialista en torno al «pensamiento único», el «fin de la historia» y el triunfo definitivo del capitalismo a escala planetaria. También constituyó una de las primeras manifestaciones de lucha revolucionaria contrarias al neoliberalismo, cuyo profeta y ejecutor en México, Carlos Salinas de Gortari, impuso el Tratado de Libre Comercio (TLC) y la contrarreforma del artículo 27 constitucional, que ponía en venta las tierras ejidales y comunales y con ello rompió el «pacto social» al que dio cauce el movimiento armado de 1910 a 1917.

El Ejército Zapatista, como organización clandestina político-militar, hereda tardíamente las siglas de liberación nacional que caracterizaron a numerosos movimientos insurgentes que enraizados en las realidades de nuestra América intentaron instaurar una nación de nuevo tipo, hegemonizada por los sectores explotados, oprimidos, discriminados y libre de las ataduras de la articulación imperialista representada por Estados Unidos. No obstante, su composición mayoritariamente indígena otorgó al EZLN una identidad distinta a otras organizaciones guerrilleras mayoritariamente mestizas, como el FSLN, el Frente Farabundo Martí para la Liberación Nacional (FMLN) o la propia Unidad Revolucionaria Nacional Guatemalteca (URNG), en nuestro entorno geográfico centroamericano.

El EZLN estableció una continuidad histórica de las resistencias de los pueblos que conforman México, y se definía así en 1993:

> Somos producto de 500 años de luchas: primero contra la esclavitud, en la guerra de Independencia contra España encabezada por los insurgentes, después por evitar ser absorbidos por el expansionismo norteamericano, luego por promulgar nuestra Constitución y expulsar al imperio francés de nuestro suelo, después la dictadura porfirista nos negó la aplicación justa de leyes de Reforma y el pueblo se rebeló formando sus propios líderes, surgieron Villa y Zapata, hombres pobres como nosotros a los que se nos ha negado la preparación más elemental para así poder utilizarnos como carne de cañón y saquear las riquezas de nuestra patria sin importarles que estemos muriendo de hambre y enfermedades curables, sin importarles que no tengamos nada, absolutamente nada, ni un techo digno, ni tierra, ni trabajo, ni salud, ni alimentación, ni educación, sin tener derecho a elegir libre y democráticamente a nuestras autoridades, sin independencia de los extranjeros, sin paz ni justicia para nosotros y nuestros hijos.

Si tomamos como criterio actual para definir a la izquierda, como la fuerza política que construye poder popular contra el capitalismo, sin monopolizar la representación ni restar protagonismo a los distintos sectores socio-étnicos que intervienen en ese proceso, el EZLN ha sido una organización extremadamente congruente con uno de sus más caros principios: «Para todos todo, para nosotros nada», que hace realidad cuando retira a todos sus cuadros político militares de los distintos gobiernos autónomos bajo su hegemonía.

Mandar obedeciendo es una forma diametralmente opuesta al vanguardismo, al burocratismo, a la conformación de castas que hacen del poder gubernamental y la representación popular su *modus vivendi* y que han devenido maquinarias partidistas electorales que a toda costa pretenden el cargo público para su propio beneficio y enquistarse en una clase política divorciada del pueblo. Institucionales y sistémicas, estas izquierdas no llegan más lejos que la alternancia, y una vez en el gobierno ponen en práctica programas extractivistas, desarrollistas, clientelares, asistenciales, para paliar la cara dura del neoliberalismo pero procurando no alterar en lo más mínimo el dominio estratégico del capital y los poderes facticos que lo sostienen.

A lo largo de estos 28 años, el EZLN ha dado muestra de una extraordinaria capacidad de adaptación e innovación, sin tirar por la borda principio alguno, aportando en temas cruciales como el que dio curso a la Ley Revolucionaria de las Mujeres y su incorporación plena a todos los ámbitos de los procesos autonómicos, educando a las nuevas generaciones en preceptos pedagógicos liberadores, asumiendo la dignidad y la solidaridad como brújula rectora de la convivencia social, el gobierno como servicio, amasando, a su manera, las ancestrales utopías revolucionarias.

Oaxaca y su legislación indígena

Oaxaca es un caso paradigmático en la lucha por el respeto a la autonomía dictada por las comunidades indígenas. Es uno de los estados del país en el que su población indígena tiene una presencia casi proporcional a la mestiza. De los 570 municipios reconocidos en Oaxaca, 411 se rigen bajo el sistema de usos y costumbres para elegir a sus representantes y darse la forma de organización política que consuetudinariamente reconocen.[8] También es un estado caracterizado por una historia de discusión y análisis de los alcances y el respeto de los derechos indígenas.

En efecto, aun antes del levantamiento indígena en el estado vecino de Chiapas, en Oaxaca se había dado un debate profundo sobre las implicaciones del gobierno autónomo, pero este se había desarrollado fuera de los reflectores del espacio nacional, y se presentaba más como un proceso limitado a lo local y regional. Aunque, indudablemente, la discusión pone en evidencia las coincidencias con los demás pueblos indígenas del territorio nacional.[9] En el estado de Oaxaca, con toda su complejidad y riqueza, se ha desarrollado un proceso histórico que pasa por concebir, desde una visión comunalista, la instauración de la autonomía. La composición étnica de la región permitió pensar la autonomía de una manera comunitaria mono-étnica, pues la concentración de grupos se encuentra claramente identificada en espacios territoriales relativamente homogéneos. Además, la visión comunal de los agrupamientos étnicos de Oaxaca ha mantenido sus lazos de identidad más apegados a un territorio definido y las identidades grupales que de este factor se generan.

Con la firma de los Acuerdos de San Andrés se sientan las bases para un avance significativo en el reconocimiento constitucional de los derechos de los pueblos indios del país en general, y de Oaxaca en particular. Ya desde 1992 se había modificado el artículo 4 constitucional para reconocer la composición pluriétnica de la nación mexicana. Sin embargo, en la legislación del estado de Oaxaca esta característica se había reconocido dos años antes. En cierto sentido, el movimiento indígena de Oaxaca ha estado adelante de otros movimientos en la institucionalización y el reconocimiento jurídico de la autonomía, que se ha desarrollado *de facto* en las comunidades. Tal es así, que en el estado de Oaxaca la «Ley de Derechos de los Pueblos Indios y Comunidades Indígenas» reconoce los sistemas normativos emanados de las comunidades que habitan en ese estado. Podemos afirmar que Oaxaca, desde el punto de vista constitucional, realiza una reforma apegada a los Acuerdos de San Andrés, que incluso va más allá de la propuesta de Cocopa. Sin embargo, han persistido limitaciones de origen, como el lugar que ocupan las representaciones emanadas de dichos pueblos en las estructuras administrativas que reconoce el Estado mexicano. Si bien es cierto que los *grupos etnolingüísticos* del estado de Oaxaca se vieron beneficiados por el levantamiento Zapatista, también lo es que en algunos aspectos quedaron circunscritas sus demandas a las modificaciones a la Constitución Política de los Estados Unidos Mexicanos que realizó el Congreso de la Unión.

Es de rescatarse el reconocimiento que dicha Constitución local hace de los derechos sociales en función de «las facultades y prerrogativas de naturaleza colectiva que el orden jurídico oaxaqueño reconoce a los pueblos y comunidades indígenas, en los ámbitos político, económico, social, cultural y jurisdiccional, para garantizar su existencia, pervivencia, dignidad bienestar y no discriminación basada en la pertenencia a aquella», reconociendo el «carácter jurídico de personas morales de derecho público»: así como de su territorio y la mención explícita de la existencia de sus asentamientos con anterioridad a la formación de las fronteras estatales. Persistiendo, no obstante, la evasión a reconocer el disfrute pleno de sus recursos naturales, que si bien quedan limitados a lo que estipula el pacto federal, su nula mención es significativa de los alcances que se pretendían al legislar.

Lo que es necesario resaltar de dicha legislación local no son solo los campos jurídicos, sino el significado político de su mera existencia. Con esta legislación caen por tierra los argumentos de quienes señalan en el reconocimiento de la autonomía, ya sea limitada o plena, un elemento de desestabilización y fragmentación de la unidad nacional. Oaxaca sirve de ejemplo para demostrar que el reconocimiento de la autonomía es fundamental para incluir en el proceso inconcluso de construcción de la nación pueblo a los habitantes originarios de los territorios en los que se erigió el Estado mexicano. Aceptar que los pueblos indios deben de ser parte de la nación como miembros con plenos derechos y con el respeto de sus particularidades es una tarea urgente en el México de hoy.

En el caso particular de la región Mixe, situada en este estado, la práctica de la autonomía se ha topado con los obstáculos generales que se presentan en otras regiones, pero el mayor no es solo el político y el jurídico, sino el de carácter económico, por la negativa del gobierno estatal de canalizar recursos.

Como en otras regiones, en la zona Mixe de Oaxaca el proceso de autogobierno implica la concentración de una memoria histórica acerca de su organización. También aquí, el autogobierno no ha necesitado del reconocimiento jurídico del sistema liberal que nos rige; pues aunque los priístas y a últimas fechas todos los partidos políticos han intentado tomar ventaja de la organización comunitaria, este tipo de sistema político-social es calificado como ajeno a las comunidades.

El problema práctico inmediato es darle viabilidad económica a su proyecto social y político; sobre todo, romper con el centralismo que ha administrado la mísera de las poblaciones para mantener el control político del estado.

La viabilidad de la autonomía en la región Mixe pasa —entre otras cosas— por cambiar la naturaleza de la relación con la administración central del estado. Asimismo, Oaxaca, Guerrero, Puebla y Chiapas son famosos por la influencia y el control que caciques locales le imponen al gobierno local y federal. Por eso mismo, la centralización es uno de los obstáculos más visibles para la continuidad del proceso autonómico característico de Oaxaca. Tal condición de subordinación hacia el centro de la capital del estado ha provocado un desarrollo desigual en las comunidades indígenas, pues los recursos provenientes de las arcas públicas se quedan en su gran mayoría en las cabeceras municipales y se van repartiendo de tal forma que los poblados periféricos son los más desfavorecidos. Esto es un problema grave de organización administrativa y sensibilidad política, que si en las ciudades tiene graves consecuencias, en las comunidades indígenas representa un asunto de vida o muerte.

Este tipo de limitación se ha intentado romper con una organización regional que pueda atacar de raíz los problemas. La Asamblea de Autoridades Mixes (ASAM) busca resarcir en la medida de sus posibilidades y alcances los vicios en los que ha caído la administración de los fondos públicos por parte de los gobiernos estatal y federal. La Asamblea está conformada por las autoridades municipales de la zona Mixe, que a su vez, son elegidas de una manera directa en asambleas comunitarias. La ASAM es el órgano más respetado en la región, como lo son en sus respectivos municipios las Asambleas Comunitarias y/o los Consejos de Ancianos.[10]

Los órganos comunitarios de gobierno son los que han permitido que la organización autónoma goce de cabal salud en el estado. La persona más respetada en las comunidades puede ser el alcalde, quien ha pasado por todos lo espacios de representación: topil (policía), regidor (salud, educación, hacienda, y otros), secretario, tesorero, sindico, alcalde y presidente que se exigen como servicio publico no remunerado para la comunidad.

Los municipios se componen de agencias municipales y su funcionalidad radica en las autoridades administrativas, que ponen especial énfasis en organizar las fiestas religiosas. Como se puede apreciar, el pago a la labor es el reconocimiento y respeto público a quienes participan en esos puestos. Por eso mismo, se ha logrado mantener la unidad y continuidad de las tradiciones y formas de gobierno en las comunidades indígenas mixes, aun de aquellos que han tenido que migrar.

Precisamente, un aspecto importante en el establecimiento de una autonomía con mayores alcances son las contribuciones de los miembros de las comunidades que migran, principalmente, a Estados Unidos. Muchas veces las migraciones a ese país se dan con la finalidad de ahorrar dinero para regresar a cumplir con las obligaciones de servicio comunitario sin remuneración económica alguna. También se da el caso de migraciones con la finalidad de reunir una cierta cantidad de dinero para invertirla en proyectos comunitarios, ya sea familiarmente o mediante un fideicomiso integrado por miembros de la comunidad de origen.

En otros casos, los emigrantes que se han quedado a residir en el país del norte no rompen los lazos que los unen con sus comunidades, sino que reproducen sus costumbres en los lugares en los que se asientan y, más aún, envían remesas destinadas, principalmente, pero no exclusivamente, a cubrir los gastos de las reparaciones de las parroquias o para las fiestas de los santos patronos de las comunidades. Este fenómeno deja de ser novedoso si se toma en cuenta que los pueblos indios americanos tienen una historia larga y compleja de migraciones y establecimiento de nuevos asentamientos donde, por cierto, reconstruyen sus formas de organización política que los identifica.

Por último, es necesario señalar que la viabilidad del proyecto autonómico en Oaxaca, como en otras partes del país, depende del fortalecimiento de sus nexos con sectores a nivel nacional e internacional, sobre todo para tratar de subsanar las graves deficiencias económicas y establecer vínculos comerciales estables y justos, es decir, basados en la sustentabilidad de la producción y el respeto al entorno ecológico.

Guerrero: militarización y destrucción del tejido social. Proyecto de Justicia y Seguridad Comunitaria de La Montaña y Costa Chica

Marcada por la represión y la miseria económica, la zona de La Montaña, en el estado de Guerrero, ha sufrido últimamente una presión extra por las bandas de narcotraficantes que se han apoderado de regiones completas en el estado. Guerrero es el primer productor de hoja de amapola en toda la República Mexicana; ingrato privilegio para una sociedad que después del levantamiento indígena de 1994 ha sido acosada continuamente por elementos del ejército mexicano y guardias blancas subsidiadas por caciques locales.

Si la zona de la Sierra, poblada mayoritariamente por indígenas, tenía suficientes problemas con cargar con la acusación desde el poder de ser territorio rebelde y nunca dominado por completo, a partir de las guerrillas de Genaro Vázquez y Lucio Cabañas, el levantamiento indígena en Chiapas significó un escenario propicio para la lucha por la reivindicación de la identidad cultural y étnica, así como por la autonomía de los pueblos indios de Guerrero. Sin embargo, los gobiernos federal y local, así como los poderes caciquiles de facto, conscientes de la fuerza que adquiriría la lucha coordinada de los más de 300 000 indígenas que habitan el estado con sus pares en todo el territorio nacional, que cuestionaría el control que durante todo el siglo pasado los mestizos encargados de la administración pública se habían esmerado en construir, optaron por la represión sistemática de toda organización independiente, adoptando una estrategia de violencia y terror hacia los pobladores.

No siendo suficiente lo anterior, el surgimiento de un movimiento armado con reivindicaciones progresistas, y que fuera catalogado por los gobiernos zedillista y foxista como la «guerrilla mala», durante el primer aniversario de la masacre ocurrida en el vado de Aguas Blancas, marcó lo que en el estado se ha convertido en una realidad inocultable: la única respuesta que tiene el gobierno ante las demandas de los ciudadanos es la represión, lo que empuja a que muchos sectores piensen que la única salida posible ante la cerrazón de las autoridades sea la vía armada.

La aparición del Ejército Popular Revolucionario (EPR) determinó el rumbo de la agenda gubernamental hacia el estado: desde ese momento y hasta la fecha, toda organización popular independiente es acusada de tener nexos guerrilleros. Brutal reduccionismo de una realidad tan compleja que coexiste entre la represión y la idea vigente de generar espacios autónomos que representen las demandas del pueblo.

La administración de René Juárez Cisneros, gobernador del Estado de Guerrero en ese entonces, como antes la de Rubén Figueroa, se caracterizó por la violencia con la que trató a los pueblos indígenas. Como muestra están las 302 violaciones a los derechos humanos documentadas por el Centro de Derechos Humanos de La Montaña Tlachinollan, desde junio de 1994 hasta mayo de 2003, causadas principalmente por la invasión de militares establecidos en la región. Violaciones que, por cierto, no han merecido una sola respuesta seria que concluya en una acción penal contra los responsables.[11]

En las regiones de la Costa Chica y La Montaña, la inseguridad ha sido una constante entre los lugareños. Territorio hostil, donde la violencia ha sido una forma de relación constante, por haberse institucionalizado como una modalidad de interlocución entre el gobierno y sus gobernados, Guerrero vive en la actualidad un proceso paulatino de deterioro de su tejido social proveniente de dos flancos: la militarización de sus zonas agrarias y la infiltración del narcotráfico, esto es, poderes ajenos a las comunidades indígenas y al campesinado, que han establecido de facto la ley de las armas por sobre la convivencia política.

Las comunidades de la zona de la Costa Chica de Guerrero y la zona de la Sierra han optado por crear sus propios mecanismos de seguridad y protección ante la incapacidad de las instancias gubernamentales por proveérselas. Cincuenta y seis comunidades agrupadas en la Coordinadora Regional de Autoridades Comunitarias pusieron en marcha un programa de seguridad interna llamado *Policía Comunitaria,* que se dedica a vigilar a los poblados que forman parte de la Coordinación. Más aún, prestan auxilio gratuito a otras comunidades que no están en su zona de influencia. De esta manera, las comunidades han emprendido la práctica autonómica para brindarse la seguridad que las autoridades estatales y federales no han querido establecer.

La Policía Comunitaria ha brindado tranquilidad a sus poblados porque sencillamente sus miembros habitan en los territorios bajo control y prestan un servicio que organizado por ellos. La forma de funcionamiento de esta policía, como su nombre lo indica, se basa en la visión de prestación de servicios comunitarios que los indígenas tienen en la base de su organización social y política; lo cual es una característica cultural que les ha permitido construir espacios reales de autonomía, que respondan a sus necesidades y, sobre todo, las respuestas sean satisfactorias.

En gran medida, los resultados positivos que ha dado la Policía Comunitaria a las comunidades se debe a la visión que estas mismas tienen de la justicia y el servicio público. Esta policía no recibe pago alguno, y la única gratificación que recibe es el reconocimiento social por prestar tan importante acción pública. Los comentarios de sus integrantes son categóricos: «imparten justicia, no venden justicia», pues «la Comunitaria no combate al gobierno ni a los otros poderes, la Comunitaria combate la delincuencia».[12]

La Policía Comunitaria ha trastocado intereses encubiertos tras los contubernios establecidos entre las fuerzas de seguridad y el narcotráfico. Hoy en día no es una novedad entender el negocio redondo que representa la seguridad pública para quienes la controlan y para aquellos que, como policías o militares, cobran un sueldo a cargo del erario publico y se dedican a organizar bandas criminales. Por eso mismo, la Policía Comunitaria ha sido atacada virulentamente por el gobierno estatal y el ejército, a tal grado que sus miembros son encarcelados por prestar un servicio a sus pueblos. Los policías comunitarios han señalado que la impartición de justicia basada en sus usos y costumbres, «no es cosa del otro mundo»,[13] lo que sucede es que el gobierno no quiere reconocer la capacidad autonómica que los pueblos indios tienen para darle solución a sus problemáticas.

Una vez más, los pueblos indígenas de Guerrero han demostrado que pueden solucionar sus problemas si se les deja de perseguir y hostigar. La autonomía en esta región, como en muchas otras, pasa por demostrar con hechos que son capaces de regirse bajo sus propias reglas y dar resultados alentadores. Los indígenas guerrerenses han aprendido que el ejército y las policías federal y estatal no están en sus comunidades para erradicar de raíz el narcotráfico sino para evitar, desalentar y combatir el enorme potencial que tienen como sujetos autónomos. Esto es, la fuerza pública está en sus comunidades no para combatir el crimen sino para atacar a las comunidades y a sus formas de autonomía.

La zona de Zongolica: represión y cacicazgos

En México, el mapa de la autonomía es también el de la represión. Los destacamentos militares, si se observa bien, están situados estratégicamente para responder a los «peligros» que representan las regiones campesinas, mayoritariamente indígenas. El gobierno federal, sobre todo el de Felipe Calderón con sus más 70 mil muertos en los seis años de su gobierno, le apostó a una guerra interna o social tendiente a neutralizar a los grupos campesinos e indígenas que resisten sus procesos de *modernización*. La situación en las comunidades indígenas mostró que efectivamente la apuesta gubernamental era y sigue siendo si no el aniquilamiento del campesino y el indígena mexicano, por lo menos su debilitamiento y desarraigo de las formas autónomas de organizar sus vidas.

Las fuerzas armadas han dejado de cumplir con la función que la Constitución les confiere. A la supuesta salvaguarda de la soberanía y cuidado de las fronteras del territorio nacional le ha sumado las tareas policíacas de combatir el narcotráfico y, sin aceptarlo, controlar los focos que el gobierno federal considera «rojos»; es decir, ahí donde hay organización indígena y campesina independiente. También, se han involucrado en el combate contra los grupos guerrilleros diseminados en por lo menos once estados de la república.

La Sierra de la Zongolica, que se ubica entre la colindancia de los estados de Puebla y Veracruz, es una prueba fehaciente del clima intimidatorio y represivo que el gobierno federal y los gobiernos estatales han impuesto contra toda manifestación de políticas autonómicas en los territorios indígenas. La represión que los gobiernos de Veracruz y Puebla, con el respaldo de organismos federales han emprendido contra las comunidades asentadas en esta región ha sido despiadada. Obviamente intereses de caciques locales se entremezclan con las intenciones de apropiarse de las zonas más ricas en recursos naturales del país.

El Plan Puebla Panamá (Proyecto Mesoamérica) deja ver su verdadero rostro en la región de la Sierra de la Zongolica, creando un clima de inestabilidad en la zona, para desarticular cualquier asomo de organización comunitaria. Un caso que saltó del anonimato cotidiano de la represión a la prensa escrita y las imágenes televisadas, por la virulencia con que fue y sigue siendo orquestado, es lo que ha sucedido con el Consejo Regional de la Sierra de Zongolica. Ahí, los intereses de las mafias que detentan las concesiones del transporte público, emparentados con el gobernador del estado de Veracruz en el 2003, Miguel Alemán Velasco, decidieron violar las leyes que regulan las tarifas por la prestación de este servicio, subiendo el cobro indiscriminadamente y sentándose en mesas de negociaciones establecidas para calmar la tensión provocada, con la intención de volver a burlar la ley y los acuerdos.

En este conflicto, los indígenas nahuas de la región de Zongolica denunciaron que varios de sus líderes fueron detenidos y hostigados, mientras se turnaron órdenes de aprehensión contra aquellos que los relevan en las direcciones políticas de su movimiento. El año 2001 fue particularmente prodigo en encarcelamientos contra miembros de doce municipios nahuas que se vieron afectados por las decisiones arbitrarias de la empresa transportista Adelas, que monopoliza el servicio en la región. Vicencio Vite Bautista, maestro bilingüe en la zona, cabeza visible de este movimiento, sufrió el escarnio gubernamental por oponerse a tal arbitrariedad.[14]

El gobierno también ha recurrido a la clausura de centros comunitarios en los que se brinda educación básica bilingüe. Como ya ha sido documentado por varios investigadores, la tendencia a atacar los procesos autonómicos está encaminada a clausurar la posibilidad de brindar alternativas a las comunidades indígenas para su desarrollo. Precisamente, una de estas estrategias es la impartición de educación únicamente en español, una lengua que significa colonización y sometimiento para los indígenas mexicanos.

En el 2001, un acontecimiento que tuvo lugar, no en Veracruz ni en Puebla, pero que ejemplifica la realidad en la que vive el México profundo y contradice el discurso oficial del gobierno del cambio. Es el conflicto protagonizado entre estudiantes y padres de familia de la Escuela Normal Superior de Chiapas y el gobierno de este estado el 6 de julio de ese año y que se expandió al estado de Guerrero: la cancelación de plazas que tradicionalmente el estado aseguraba a los egresados de estas escuelas bajo el pretexto de la modernización educativa, que impone un examen de evaluación para tener acceso a los centros laborales. Una piedra más para obstaculizar la formación de personas provenientes del medio rural e indígena.

Afortunadamente la guerra de exterminio no ha triunfado y la resistencia de los pueblos indios sigue dando frutos. En el estado de Puebla se inauguró la primera universidad indígena con administración independiente y que tiende a la autonomía, desde el contenido de los planes de estudio hasta financieramente. Aún no lo han conseguido, pero están en el intento. Ellos saben, como todas las comunidades indígenas, que el camino de la autonomía es un proceso que se construye todos los días.

Los pueblos de Tlalpan, Distrito Federal

Los ocho pueblos de Tlalpan,[15] delegación del Distrito Federal, se encuentran en un proceso de transformación radical que hace necesario repensar hacia donde promover una alternativa viable de desarrollo que partiendo de las formas tradicionales de la identidad colectiva en el uso y explotación de la tierra y los recursos naturales, restituya el tejido social en un sentido solidario de todos sus habitantes, y reconstruya las formas de organización en un marco de autonomía incluyente y democrática en la toma de decisiones.

El avance anárquico y acelerado de la mancha urbana y la falta de apoyos institucionales para el sector productivo —entre otros factores estructurales— han provocado y condicionado conflictos y rupturas con antiguos modos de vida y actividades económicas.[16] La venta «hormiga» de predios, la explotación desmedida de los recursos forestales y la extracción de tierra y piedra por los propios habitantes de la zona y fuera de ella, así como la invasión de predios irregulares[17] por sectores que no tienen capacidad económica para acceder a una vivienda digna, representan hoy los problemas nodales para garantizar tanto la sobrevivencia de los sectores más pobres, como la conservación de la zona de reserva ecológica que presta invaluables servicios ambientales a la Ciudad de México.[18]

La tenencia de la tierra constituye uno de los principales problemas a resolver, en tanto enfrenta una situación de irregularidad e incertidumbre jurídicas entre quienes tienen la propiedad de la tierra con respecto a quienes la poseen, ya que estos últimos, en muchos de los casos, carecen de los elementos para acreditarla.[19]

Los habitantes del casco o zona urbana de los pueblos de San Miguel y Santo Tomás Ajusco, San Miguel Topilejo, San Miguel Xicalco y Magdalena Petlacalco, no cuentan con escrituras o títulos de propiedad; en tanto el poblado de San Andrés Totoltepec se encuentra en proceso de regularización; San Pedro Mártir y Parres, casi en su totalidad han sido escriturados. Esta situación de irregularidad en la tenencia de la tierra ha contribuido a generar a lo largo del tiempo cinturones de pobreza que colocan a los pobladores ante situaciones de riesgo. A excepción de San Pedro Mártir, los otros siete pueblos han sido considerados dentro de los índices de marginalidad señalados por INEGI y CONAPO, como los más altos de Tlalpan, en razón del rezago existente en servicios básicos, ingresos y nivel de escolaridad.

En este contexto, la relación entre la población originaria y los pobladores externos, llamados «avecindados», representa una tensión permanente que se expresa en el derecho a la posesión de la tierra y el acceso a los servicios públicos, en las formas de apropiación y convivencia social y cultural enraizados en los usos y las costumbres, y en las formas de organización y representatividad para la toma de decisiones, que viene acelerando el desdibujamiento de la identidad colectiva, y por tanto, la capacidad de propuesta desde los propios pobladores para asumir un papel protagónico en el desarrollo de sus pueblos.

Los originarios no escapan a la estructura clasista existente en la sociedad mexicana. Entre ellos, encontramos grupos sociales sin tierra, pequeños, medianos y grandes propietarios; formas de propiedad remanentes emanadas de la Revolución Mexicana (ejidatarios y comuneros), y las surgidas de la descomposición del sistema de propiedad rural, propio de la contrarreforma al artículo 27 constitucional.

A partir de la rebelión zapatista de 1994, los usos y las costumbres ya existentes entre las poblaciones indígena y rural adquirieron nuevo significado. Estas reglas sociales adquieren preponderancia como una posibilidad de rescate de las tradiciones, como alternativa ante la globalización capitalista depredadora, instrumento para la transformación de un sistema en el que imperen la justicia, la equidad y la inclusión en todas las esferas de la vida social. Los usos y costumbres deben ser el signo de una nueva alborada y no la justificación de un régimen de impunidades, corrupción y discrecionalidad en el ejercicio del poder.

En ocasión del cambio vivido en la ciudad en 1997, con la emergencia de un gobierno democrático en el Distrito Federal, se legitimó un mecanismo de representatividad conforme a usos y costumbres, como es el de los subdelegados auxiliares electos en votación universal, directa y secreta, aunque este es solo un paso en la búsqueda de nuevas alternativas de democracia que expresen formas de corresponsabilidad entre sociedad y gobierno local. Estas acciones, que se inscriben en el contexto de la construcción de una cultura política democrática han contribuido a superar, en ocasiones, el viejo papel de los subdelegados auxiliares y comisarios de los pueblos, como agentes de control social por parte del partido de Estado que gobernaba la Ciudad de México.

Los «avecindados» también son fruto de una compleja realidad social. Desde grupos medios universitarios que anhelaban una nueva forma de vida familiar, «más cercana a la naturaleza»; expulsados de su lugar de origen, dentro o fuera de la Ciudad de México, por la crisis; migrantes a los pueblos con algún tipo de parentesco con los originarios; hasta grupos de mayor poder económico, que quieren apartarse de ciertos aspectos conflictivos de la vida urbana.

Tal como lo afirmaron representantes de los pueblos originarios de Tlalpan en el «Primer Encuentro de los Pueblos», es tiempo de superar una barrera de cierta forma artificial entre «oriundos» y «avecindados» y trabajar en un espíritu de corresponsabilidad sociedad-gobierno hacia estrategias de desarrollo sustentable.

El gobierno delegacional (2000-2003) —primero en ser electo y no designado— a través de la Dirección General de Ecología y Desarrollo Sustentable, planteó alternativas para proteger el suelo de conservación:[20] impulso de proyectos productivos que sean económicamente viables y ecológicamente sustentables; realización de trabajos conjuntos con los poseedores de la tierra para saneamiento de los bosques, prevención de incendios y combate de los mismos; vigilancia conjunta con los participantes en proyectos productivos para prevenir la tala, la extracción de recursos naturales, el tiro de cascajo y las invasiones; la coordinación con los tres niveles de gobierno para el impulso de empleo rural y el apoyo a los proyectos definidos; y la permanente interacción con los principales actores (autoridades locales, productores, ejidatarios y comuneros) y habitantes de la zona para avanzar en alternativas conjuntas de solución.

La Dirección General de Jurídico y Gobierno, a través de la Dirección de Tenencia de la Tierra y Regularización Territorial, puso en práctica un programa de control, ordenamiento y regularización de los asentamientos irregulares con más de cinco años de ocupación pacífica y de buena fe, en el marco de tres programas parciales de desarrollo, todos ellos mediante la metodología de la planeación participativa.

Para atender de manera oportuna las situaciones de emergencia provocadas por fenómenos naturales, pero que afectan en mayor medida a los sectores más empobrecidos dado el rezago existente en los servicios básicos y la imposibilidad jurídica de su introducción, la Coordinación de Protección Civil de la administración 2000-2003 realizó monitoreos permanentes en las zonas de alto riesgo, recorridos y levantamientos dentro del perímetro de los cauces de los ríos tlalpenses.

Desde la perspectiva del gobierno local, es claro que la solución de problemas estructurales y la incorporación y fortalecimiento de la interlocución con los propios habitantes constituyen tareas urgentes tanto en el corto como en el mediano y largo plazo, y requieren del concurso de diversas instancias y niveles de gobierno.

Los pasos en esta dirección, si bien son significativos, se dan en un contexto de tensiones, avances y retrocesos —en tanto que como toda transición democrática, la institucionalización, las formas de representación e interlocución, y la renovación de las formas organizativas no responden a un proceso lineal—, por lo que interesa hacer algunas reflexiones surgidas de la propia experiencia de gobierno, centradas en la construcción de ciudadanía, de estímulo a la participación democrática, y de fortalecimiento de una autonomía incluyente en la zona de los pueblos de Tlalpan.

Plantear una alternativa de desarrollo para los pueblos que ofrezca solución a los problemas centrales supone, como condición indispensable, la plena participación de sus habitantes en la elaboración, desarrollo, apropiación y conducción del propio proyecto, en tanto que cualquier iniciativa que no surja de ellos mismos corre el riesgo de no responder a sus intereses e idiosincrasia y, por tanto, carecer de las raíces que la sostengan; o bien, de responder a la lógica de urbanización y rompimiento social en aras de la «modernización» económica, con un costo irreversible.

La lucha por la satisfacción de necesidades específicas, y de ampliación de derechos sociales y políticos, supone entonces la acción organizada de algunos sectores de la población, su capacidad de convocatoria y movilización social alrededor de valores, ideales y propuestas de desarrollo, y la interlocución con los poderes públicos local, estatal, federal, legislativo, ejecutivo y judicial para incidir en la orientación y priorización de los recursos económicos, la aplicación de leyes y normas, la impartición de la justicia, y la definición de políticas públicas. La lucha democrática, por tanto, se materializa en dos arenas independientes:

a) La disputa por la hegemonía en la propia sociedad civil, en la búsqueda de aliados para la construcción de un movimiento de opinión que oriente mentes, corazones y voluntades de fuerza social en función de un proyecto de autonomía incluyente.

b) El ejercicio concreto del poder público en la disputa por los recursos, en donde el papel del Estado y el gobierno, a través de sus instituciones, deberá ser coadyuvante en la operación y factibilidad técnica, financiera y jurídica —en tanto que le corresponde garantizar el Estado de derecho—, pero nunca de sustitución en las formas organizativas y de representación social.

Esta perspectiva fue la que orientó el trabajo del gobierno de izquierda 2000-2003. Así, como sello del proyecto delegacional en Tlalpan, se impulsaron actividades y programas tendientes a la construcción del poder ciudadano, con énfasis en la transparencia del ejercicio público, la participación y la corresponsabilidad social, a través de proyectos como «hacia un presupuesto participativo», el equipo de monitoreo que le ha dado seguimiento, la rendición de cuentas, la publicación de las obras a realizar en cada una de las 147 unidades territoriales en que se divide la demarcación, la conformación de comisiones ciudadanas de escrutinio a la obra, de consejos ciudadanos para el uso de instalaciones sociales, el programa parque activo-parque vivo, entre otros; todos ellos, con la firme intención de favorecer la participación de la ciudadanía —organizada o no—, en la definición y priorización del gasto público y los programas de gobierno.

De manera específica, en la zona de los pueblos originarios, en la perspectiva de contribuir al fortalecimiento de la identidad cultural y el proceso autonómico, se realizaron concursos de historia testimonial y rescate de la tradición oral, se apoyó la realización de murales colectivos, montaje de exposiciones como «El corazón del pueblo», con símbolos y tradiciones de los ocho pueblos de Tlalpan, muestras gastronómicas, apoyo permanente para la celebración de las fiestas tradicionales, realización de «brigadas de desarrollo social» que apoyan a la comunidad de escasos recursos con servicios médicos gratuitos (dentales, oftalmológicos, de orientación y educación sexual reproductiva, detección de cáncer cérvico uterino, entre otros), así como un encuentro regional de los ocho pueblos para avanzar en la definición de alternativas a la problemática de la zona, de manera conjunta con las organizaciones, autoridades locales y la población en su conjunto.

Los ejercicios realizados si bien colocan como posibilidad la ampliación de la participación y la búsqueda de nuevas formas de relación del gobierno con la ciudadanía, estas no están, a diez años del fin del mandato del primer gobierno local electo democráticamente, asumidas plena y suficientemente por el conjunto de la comunidad de esa zona, en tanto que no surgen totalmente de ellos mismos, o se ven en muchos casos todavía con recelo y desconfianza por la experiencia vivida a lo largo de siete décadas de prácticas corporativas y clientelares de administraciones priístas anteriores.

Por otro lado, la ausencia de un referente colectivo que interpele, proponga y conduzca una propuesta alternativa en la misma dirección que el gobierno democrático es un hecho significativo que distingue a los pueblos de Tlalpan de otras regiones donde se están llevando a cabo prácticas autonómicas. Si bien existen organizaciones sociales surgidas de la propia iniciativa, asociaciones de productores, ejidatarios, comuneros, entre otras, estas no cuentan con el suficiente respaldo de la mayoría de los pobladores, bien porque sus demandas y formas de lucha se suscriben al ámbito puramente gremial, sin dimensionar el potencial que tienen sus reivindicaciones para la configuración de un plan integral para el conjunto de la zona, o porque muchas de ellas representan intereses particulares o de tipo segregacionista.

Algunos ejemplos significativos: en enero del 2001, al inicio de la gestión 2000-2003, en apego a los usos y las costumbres, y como parte del fortalecimiento de un eventual proceso de autonomía, se discutió con algunas organizaciones las bases para la elección del subdelegado de uno de los pueblos.[21] Estos solicitaron que los candidatos fueran «originarios» del lugar, y que únicamente pudieran participar de la elección quienes demostraran ser nativos. La primera propuesta fue aceptada, pero la segunda no. En otra ocasión, se le negó por parte de la propia planilla contendiente a una de las compañeras que venía desempeñándose como subdelegada auxiliar, ser candidata a ocupar el cargo de manera oficial por la simple razón de ser mujer, a pesar de su desempeño probado. En algunos discursos y panfletos se pretendió, de igual manera, descalificar al equipo de gobierno delegacional pasado por la procedencia extranjera o de otros estados de la república de algunos funcionarios. Incluso, se criticó la mención de héroes «extranjeros» en los actos cívicos gubernamentales.

Si bien estos hechos no representan ni la opinión del conjunto de las organizaciones ni el sentir de toda la comunidad, también es real que este tipo de opiniones, acciones y actitudes —ante la ausencia de un sujeto colectivo que impulse un proyecto democrático de inclusión—, puede fortalecer la idea de un localismo entendido como exclusión y atropello de los derechos humanos fundamentales, que empobrece la convivencia, el intercambio de saberes, y podría traducirse incluso en actitudes y hechos violentos que atenten contra la dignidad y la vida de las personas.

Los movimientos sociales existen en la medida en que se proponen objetivos y acciones para lograrlos, y terminan necesariamente cuando se considera que la causa que les dio origen ha sido superada, o alcanza parcial o totalmente sus propósitos fundacionales. Pero terminan o no se desarrollan, también, cuando son incapaces de observarse autocríticamente en el propio proceso de lucha. Las formas de movilización social en este contexto contribuyen a la democratización en la medida en que son antes que todo, formas prácticas de construcción de una cultura democrática. Cultura activa de aprendizaje, de autoafirmación social, de construcción de derecho de ciudadanía, de conquista y ampliación del espacio público, por la propia participación.

Citando a los compañeros de IBASE:

> [...] la «crisis» de cualquier movimiento, o aún del conjunto de movimientos sociales de un lugar, región o país, no debe engañarnos sobre su presencia e importancia para la democracia. Más que el estado del movimiento, importa ver a la sociedad que reacciona, que está aprendiendo a reaccionar, a tomarse la tarea en sus manos. Sobre todo, si esto se refiere a los sectores tradicionalmente excluidos de la arena política.

Un dato significativo que alienta a seguir avanzando la propuesta de generación de participación ciudadana y autonomía incluyente, fueron los resultados del ejercicio «Hacia un presupuesto participativo», que por tres años se puso en práctica en la delegación de Tlalpan. En el primer ejercicio se logró la participación activa de 11 472 ciudadanos y ciudadanas, de los cuales 2 035 fueron en la zona de los pueblos, en relación al año 2002 en el que la participación fue de 20 379 de los cuales 3 742 fueron de los pueblos y en el 2003 que fue de poco más de 18 000.

La participación creciente en este tipo de ejercicios, en los equipos de monitoreo ciudadano, las más de 140 comisiones ciudadanas de prevención del delito, la red de más de 30 grupos de jóvenes, las comisiones sociales para el impulso de proyectos culturales, productivos, de formación y capacitación, entre las que destaca el diplomado para contralores ciudadanos, actividades recreativas, y el impulso de ocho consejos delegacionales,[22] entre otras acciones, además de mostrarnos un claro indicador de la pertinencia y validez de este tipo de políticas gubernamentales abiertas a la población, muestran, como hipótesis de trabajo en la construcción de un proyecto democrático, que más que apatía en la participación —recurrentemente utilizada como argumento de algunos sectores para inhibir o negar la corresponsabilidad de la población en las decisiones de carácter público —, existe un rechazo a las formas tradicionales de participación vertical, que generan y fortalecen cacicazgos y producen una dinámica clientelar y excluyente.

Ahora bien, la conformación de sujetos de transformación social —tanto civiles como gubernamentales—, que combinan en sus agendas y formas de lucha el problema vivido —generado por las relaciones económicas, políticas y culturales donde se inserta— con la voluntad colectiva de enfrentarlo, implica la creación y el desarrollo de cuatro dimensiones interdependientes: *identidad, propuestas, organización y formas de lucha.*

Identidad: un movimiento nace en la medida que un grupo se forja como un colectivo con identidad social propia ante los demás. Es una afirmación de sí mismo como actor social, que necesita ser renovada constantemente, pero sin perder su unidad y origen. La identidad, como el poder, es ante todo un eje de relaciones humanas y sociales que se forman en la lucha misma, oponiéndose y diferenciándose de los demás, pero también ganando la voluntad de la base del movimiento para generar nuevos derechos. Las frases: «Todos somos Marcos», y «somos los hombres del color de la tierra», conllevan tanto la identidad del sujeto que le da origen, la especificidad y trascendencia de su lucha, como la apropiación del movimiento civil por la paz en la exigencia de la ampliación de los derechos.

Esto supone, para el caso de los pueblos de Tlalpan, construir una identidad colectiva en la que se reconozcan las diversas especificidades, «un mundo en donde quepan muchos mundos», para construir y empujar una propuesta alternativa de desarrollo capaz de resolver los problemas sociales en una nueva dirección, e influir más allá de su propio entorno local.

La disputa entre originarios y avecindados niega esta posibilidad y fortalece, por el contrario, el rompimiento del tejido social y el avance de quienes sostienen intereses contrarios al ideal democrático.

Hasta ahora parece no haber convergencia entre los actores de mayor trayectoria identificados con usos y costumbres de la zona (productores, ejidatarios y comuneros) con las organizaciones sociales y vecinales de más reciente creación, ni la generación de nuevas formas de organización que sean atractivas para la participación de sectores de la población que no se reconocen en las existentes. Los jóvenes y las mujeres son quizá los sectores más excluidos en la toma de decisiones. La identidad de los pueblos de Tlalpan, basada en su origen histórico y su territorialidad, requiere ser renovada de acuerdo a las nuevas condiciones internas: composición social, apropiación colectiva de los recursos naturales, propuestas alternativas de desarrollo sustentable, formas de organización, etcétera; y externas: cambios legislativos, normatividad vigente, apoyos financieros para la producción agropecuaria, etcétera, de tal forma que sin perder el sentido que le da sustento, incorpore los nuevos elementos socioculturales que pueden enriquecer su identidad incluyente —multicultural—, y en ello, la oportunidad de asumirse como un actor colectivo frente a una tarea común: el desarrollo de sus pueblos.

La capacidad de las organizaciones sociales de la zona de los pueblos para identificar y construir como problema común la conservación de la zona de reserva ecológica, la ubicación de las causas que la amenazan, y la identificación de los niveles y responsables de las soluciones, puede renovar y dar rumbo a un movimiento regional no homogéneo, pero sí unido en su diversidad desde un interés común.

Las organizaciones de productores, ejidatarios y comuneros, los colectivos de jóvenes por el rescate de la cultura, las escuelas y los colectivos de niños y niñas en defensa de un medio ambiente más sano, la población toda, originaria o no, puede verse reconocida en una propuesta de esta envergadura, y empujarla con mayor fuerza. La contribución específica de los movimientos sociales reside en el hecho de hacer emerger lo particular y lo diverso en su plenitud humana, social, económica, política y cultural.

El gobierno, por su parte, ha de ser sensible para tender puentes de diálogo y comprensión mutua entre las reglas de la institucionalidad dada, con los usos y las costumbres —las reglas no escritas—, que determinan en gran medida las actitudes y los comportamientos frente a la «otredad», en tanto que constituyen el universo desde el que se miran los otros mundos. Más allá del sistema de representación popular por la vía partidaria, existen otras formas comunitarias de representación que requieren ser reconocidas en el marco legal para fortalecer un sistema democrático basado en la propia idiosincrasia de nuestro país.

Las autoridades locales, por su parte, son quienes tienen la representatividad moral de los pobladores, y tienen asignado un papel de interlocución con las autoridades legales de las instancias de gobierno para establecer y validar el marco de relación institucional. Si estas autoridades eventualmente reproducen o solapan formas de corrupción o permiten el uso indebido de los recursos naturales y públicos, y estas acciones son proyectadas o asociadas como «usos y costumbres», se contamina la relación institucional y se corrompe la representación del pueblo, desacreditando el ejercicio autonómico.

El gobierno delegacional (2000-2003) respetó la elección de los ocho subdelegados territoriales y del coordinador de la zona de los pueblos a través del voto directo, y llevó a cabo su incorporación a la estructura administrativa para fortalecer esta figura y las condiciones de su desempeño. El camino, sin embargo, está lleno de contradicciones, en tanto que más allá de la formalidad, se requiere establecer procesos de encuentro y diálogo mucho más profundos. También es necesario normar las formas de revocación del mandato en el caso de que un sector representativo del pueblo o la autoridad delegacional consideren que el funcionario electo por las vías tradicionales, y ratificado en su puesto por la vía institucional, contravenga de manera fundada el estado de derecho o pierda la confianza popular en él depositada.

Propuestas: la legitimidad de las reivindicaciones y propuestas en cada momento puede dar mayor cohesión y fuerza a un movimiento. Las formas específicas de lucha que adopte para lograr sus objetivos puede, de igual forma, ganar adeptos en otras organizaciones, o perderlos. Por ende, esta legitimidad depende mucho de la que le otorguen otros movimientos y actores de la sociedad civil a sus propuestas y formas de organización.

Organización y formas de lucha: hasta ahora, organizaciones sociales con cierta capacidad de movilización en la zona de los pueblos, pero con poca representatividad, han priorizado la toma de calles y carreteras, marchas, o detención de funcionarios para obtener solución a sus demandas, sin que estas formas se traduzcan necesariamente en una fuerza social que aglutine a grandes sectores de la población, ni genere mayores condiciones democráticas en el interior del propio movimiento.

La correlación de fuerzas ha dependido más del problema mismo, y de la interlocución dada por el gobierno delegacional, y no por la cohesión y consistencia de los métodos y las militancias. También, estas formas de lucha corresponden a un pasado reciente de gobiernos del Partido Revolucionario Institucional que solo respondían a presiones populares basadas en la acción directa, mismas que no necesariamente tienen vigencia en las actuales condiciones de gobernabilidad democrática en los niveles locales. No significa que las organizaciones renuncien a formas de lucha que expresen su independencia del Estado y de los gobiernos en turno; más que nada, es necesario tomar en cuenta que muchas de las acciones directas, como la toma de carreteras, perjudican a terceros que identifican a esas organizaciones negativamente y las confrontan con los gobiernos locales democráticos en un esquema de desgaste en el que se avanza poco y todos pierden.

Capítulo 3
Estado nacional y autonomías étnicas

Las autonomías y su incidencia nacional e internacional

Las comunidades indígenas nacionales se han tenido que enfrentar a políticas de Estado que oscilan entre la asimilación/integración y la segregación/reproducción de las diferencias. El clímax de la participación de los pueblos indígenas en la construcción de ejes conceptuales y prácticos, fue el cuestionamiento popular y democrático en 1994, con el inicio de un proceso en que, parafraseando a Hegel y Marx, los indígenas empezaron a dejar de ser «indígenas en sí» para transformarse en «indígenas para sí».

El problema de la identidad en grupos subalternos está determinado por las variables de la resistencia y la asimilación con respecto a los procesos de globalización del capital. En el caso de México, con el movimiento zapatista se ha puesto la semilla para la formación de los sujetos autonómicos, que constituyen el núcleo del amplio movimiento que se vislumbra, de los explotados y marginados, que le darán, parafraseando a Manfred Kossok, la sal al movimiento revolucionario, social y nacional, de principios del siglo XXI.

Han madurado las condiciones en México para crear un programa contrahegemónico nacional, cuyo esqueleto potencial es el Plan La Realidad-Tijuana. La apropiación de este plan por parte de todas las comunidades indígenas y de la mayor parte del pueblo mexicano es hoy tarea primordial de los sectores progresistas del país. Hoy cobra más vigencia que nunca la necesidad de una reforma profunda del Estado. Las autonomías de hecho, consolidadas en los municipios rebeldes van a conducir a la formación de etnorregiones, que ancladas en su diversidad, fortalezcan lo nacional.

De hecho, esa es la piedra angular de la autonomía: reconocer y ampliar funciones y atribuciones a los pueblos indígenas sin perder su vinculación nacional. Las nuevas políticas de Estado deben elaborarse y aplicarse sin las viejas prácticas patrimonialistas, paternalistas y asistencialistas, que conculcaban los derechos ciudadanos de los indígenas para asignarles un papel clientelar.

El neoliberalismo proclama el fin de los Estados nacionales a favor de un cosmopolitismo capitalista que contradice sus propios planteamientos de un nacionalismo exacerbado y expansionista. El movimiento indígena alternativo se ha transformado en la antítesis de esas premisas excluyentes. El poder de convocatoria, a escalas regional, nacional y mundial, que ha tenido el movimiento indígena anuncia nuevos tiempos, de un orden civilizatorio igualitario, diverso, y por lo mismo incluyente.

Este carácter realmente universal del movimiento indígena no diluye sus raíces nacionales. El zapatismo nació para fortalecer el Estado nacional democrático no para debilitarlo. Las demandas de un Estado socialmente responsable incluyen las propuestas y demandas zapatistas. Ante un Estado que practica la antidemocracia y que está al servicio de las trasnacionales, el movimiento liberador de 1994 propone un nuevo pacto social que ubique al Estado al servicio de la mayoría de la población, que es explotada y excluida de las más diversas formas, y que consagre en la dirección del arreglo constitucional de 1917 los derechos colectivos y la diversidad cultural. La autonomía es en este sentido una guía para la acción de una sociedad participativa y corresponsable.

Los pueblos indios son sujetos de derecho a la libre autodeterminación y autonomía, aunque hasta el momento no gozan de un reconocimiento constitucional en ese sentido.[1] No ha habido avances por la negativa del Estado mexicano a reconocer la base material de la autonomía, tierras y territorios, como se establece en los Acuerdos de San Andrés, el Convenio 169 de la OIT y la propuesta de la COCOPA.[2] En esencia, los Acuerdos de San Andrés afirman que son los propios indígenas quienes deben decidir sobre proyectos y programas de desarrollo.

La experiencia acumulativa de municipios autónomos y la práctica de la autocrítica emanada de este ejercicio constituyen un paso adelante en la construcción de autonomías. Se observa cómo las acciones de los zapatistas se amparan en el imaginario y la tradición histórica de los mexicanos. Al igual que «La marcha del color de la tierra» de 2001 reproducía la marcha del Ejército Libertador del Sur, cerca de noventa años atrás, hoy el alumbramiento de *Los caracoles* se da en el aniversario del nacimiento del general Emiliano Zapata, prócer e inspirador del movimiento de 1994.

Gobernar en forma autonómica 30 municipios, coligarlos a través de las cinco Juntas de Buen Gobierno establecidas en Oventic, La Realidad, La Garrucha, Roberto Barrios y Morelia traslucen una experiencia organizativa de gobierno que debe ser retomada pedagógicamente por otros pueblos indígenas. Ya los municipios autónomos y las juntas de buen gobierno forman parte de las mejores tradiciones democráticas del pueblo mexicano y son referencia obligada cuando se habla de gobernabilidad democrática.

Las reacciones por parte de los sustentadores de la lógica del poder son diversas. En aparición ante los medios de comunicación electrónicos, Ignacio Burgoa Orihuela, defensor de oficio de los privilegios y jurista apegado a las formalidades del viejo Estado liberal, pregonaba que la autonomía pone en entredicho la integridad del territorio nacional. Santiago Creel, secretario de Gobernación, no veía contradicciones entre las Juntas de Buen Gobierno y el Estado de derecho. Ante un enemigo como el EZLN, que va acompañado por la fuerza de la razón, el gobierno federal juega al oportunismo mediático. Acepta en apariencia la nueva situación de hecho, pero es poco su esfuerzo para coadyuvar a que estas medidas signifiquen el sustrato de un nuevo acuerdo constitucional.

La organización política de las comunidades chiapanecas que emerge a partir del 8 de agosto de 2003 significa un fortalecimiento del poder local merced a la gran cantidad de atribuciones y funciones que tendrán las Juntas de Buen Gobierno. Pero a la vez que crece la responsabilidad y el poder desde abajo, va aumentando la capacidad de los ciudadanos para poder vigilar las acciones de gobierno. La actitud del EZLN de garantizar el libre tránsito por la zona de conflicto es en realidad cimentar la construcción de una gobernabilidad realmente democrática.

El esfuerzo organizativo de las Juntas de Buen Gobierno es novedoso y prometedor. Como bien definió un editorial de *La Jornada*, hay una combinación de lo centenario y lo nuevo a la hora de atender los asuntos de justicia, asuntos agrarios, salud, educación y el registro civil.[3] Es un salto cualitativo que institucionaliza de hecho y con justicia los Acuerdos de San Andrés, traicionados por los tres poderes de la Federación y por una clase política solo dedicada a garantizar su reproducción como casta burocrática, e insensible ante la emergencia nacional que vive el país y las graves condiciones internacionales provocadas por la actual política del imperialismo estadounidense y sus aliados.

El EZLN tuvo que responder a los sectores más derechistas del Estado y la sociedad, que especularon una vez más con el argumento de un posible separatismo y la supuesta ilegalidad del establecimiento de los autogobiernos regionales. Fue la comandanta Esther quien reafirmó el carácter incluyente de las demandas y propuestas de gobierno zapatistas, ajenas a cualquier acto separatista: *«no podemos dejar de ser indios para ser reconocidos como mexicanos»*.

Otra comandanta, Rosalinda, con un lenguaje popular y profundo resumió la experiencia acumulada de más de siete años de práctica autonómica que sirvió de defensa a los municipios rebeldes ante el neoliberalismo y la política contrainsurgente: «*Ya sabemos funcionar nuestros municipios*».

Estos logros en las autonomías se reflejaron en la pluralidad de fuerzas indígenas y no indígenas que acudieron al encuentro de Oventic, alentadas por la posibilidad de gobernar sus propios asuntos y escapar a una realidad impuesta por las gerencias presidenciales del foxismo-salinismo. Estas apostaron a hacer del sureste mexicano un terreno promisorio para los proyectos de las trasnacionales, cobijados por el Plan Puebla Panamá, y desalojar de esta rica región de la geografía mexicana a los «incómodos» pueblos indígenas.

La gobernabilidad democrática de los zapatistas se trasluce en la decisión de atender a todas las poblaciones residentes en la zona de conflicto, independientemente de su procedencia ideológica, religiosa o política. Con ello, se avanzó en la puesta en práctica de la sustentabilidad democrática con participación plena de las comunidades, aplicando las leyes zapatistas que —entre otras— prohíben el tráfico ilegal de madera, drogas y alcohol. En estas estrategias de desarrollo sustentable tuvieron un papel muy destacado las mujeres zapatistas, lo mismo que en la instrumentación de las nuevas formas de gobierno local alternativo, abiertas a las innovaciones y a las críticas de los gobernados.

La posibilidad de que los zapatistas puedan constituir una opción de democracia participativa, anclada en la justicia y la equidad, en pos de la edificación de un México nuevo, incluyente y democrático, dependerá de la capacidad de la fuerza insurgente para involucrar a la mayor parte de los pueblos indígenas en la puesta en práctica y profundización de sus autonomías, y del apoyo que concite de las organizaciones sociales y políticas nacionales. La toma de posición ante los procesos revolucionarios de otros pueblos, la definición sobre los problemas internacionales desde una perspectiva de izquierda, y la disposición a continuar participando activamente en la lucha contra la globalización del capital, ponen al zapatismo ante nuevos retos.

Las Juntas de Buen Gobierno son sin duda un eslabón en la cadena que construyen los pueblos de México y América Latina en su lucha por la forja del sujeto autonómico. Además, son un fenómeno socio-político novedoso que amerita ser estudiado por esa intelectualidad que, carente de un proyecto alternativo de nación, se niega a transitar por los caminos abiertos por la experiencia indígena.

El día 11 de agosto del 2003, el Congreso Nacional Indígena (CNI) dio un paso fundamental en la dirección de darle dimensión nacional a los planteamientos de las Juntas de Buen Gobierno, al declarar: «Hemos emprendido el camino de la autonomía en los hechos, para lo cual decidimos fortalecer nuestro autogobierno»[4] y con respecto al EZLN señaló: «que nuestro paso camina a su lado, somos compañeros de camino y también estamos empeñados en la construcción de la autonomía y la reconstrucción integral de nuestros territorios y pueblos».

Reacción del poder ante las autonomías

Para la lógica del poder oligárquico, las autonomías en marcha son una amenaza a su sistema de dominación. La razón primordial de su rechazo estriba en la cantidad de intereses económicos y políticos que se encuentran en juego. Para el Estado, ceder ante las demandas de los pueblos indios significaría enfrentar a núcleos del poder regional ejercido por caciques y latifundistas que, bajo la protección de guardias blancas, regulan el precio de los productos agrícolas y ganaderos; detentan el poder político, administran a su conveniencia los recursos naturales, permitiendo la explotación indiscriminada e irracional de la selva y los bosques; significa cuestionar la cultura política dominante en la cual las relaciones de tutelaje y dependencia personal han sido adecuadas para fomentar prácticas clientelares a favor de dichos grupos.

El Plan Puebla Panamá, originalmente impulsado por el presidente Fox, se proyectó bajo la lógica de ese poder oligárquico y se convirtió en los hechos en otro gran obstáculo para el reconocimiento de las autonomías. Se trata de un plan regional para el desarrollo carretero, tele comunicativo[5] y energético del sureste de nuestro país y Centroamérica. Con el PPP se pretende reordenar la población indígena para conformar enclaves urbano-maquiladores y para establecer un corredor biológico en la franja de Golfo para que industrias norteamericanas cultiven productos transgénicos. Con estas medidas buscan transformar al indígena en un *homo economicus* en detrimento de una ciudadanía pluricultural, no excluyente y dispuesta a abogar por un desarrollo sustentable y solidario.[6]

La gran apuesta de dicho plan es la intervención de diversas industrias nacionales y trasnacionales en la región a fin de explotar los vastos recursos energéticos y de biodiversidad. Es un plan que permitirá cuantiosas ganancias para el capital y que contribuirá al dominio hemisférico de Estados Unidos. Desafortunadamente la racionalidad que prevalecerá para explotar los recursos energéticos y agroforestales será la de la ganancia indiscriminada y no la del desarrollo sustentable.

El PPP fue la carta de presentación de Vicente Fox para la inserción autoritaria, discriminatoria y excluyente de México en la globalización.[7] En la justificación de este plan el gobierno mexicano opina que la calidad de la gestión pública depende de «la inteligencia para adecuar las instituciones, diseñar políticas y llevar a cabo acciones capaces de aprovechar con creatividad las oportunidades de desarrollo que brinda la globalización de la economía mundial».[8]

Es evidente que en el contexto de la puesta en marcha de este plan, el gobierno mexicano se opondría activamente a la constitución de autonomías. Ceder en este terreno significa, en la lógica capitalista, renunciar a la explotación indiscriminada de los recursos naturales y de mano de obra barata.

De igual manera, el Área de Libre Comercio para América (ALCA), hoy mandada al cesto de la basura, fue otro proyecto perteneciente a la misma estrategia imperial que pretende Estados Unidos frente a la Unión Europea.

A estas dificultades que representaron el PPP y el ALCA, y los proyectos mineros y de todo tipo que los sustituyen, debemos agregar la reforma autoritaria que sufrió el Estado mexicano durante el gobierno de Salinas de Gortari, cuando además de continuar con la venta de las empresas paraestatales comenzada en el sexenio de Miguel De La Madrid, se modificó el artículo 27 constitucional que autoriza la venta del ejido con el claro propósito de privatizar el agro.

Recordemos que el EZLN se levanta en armas el 1ro. de enero de 1994, fecha en que entraba en vigor el Tratado de Libre Comercio de América del Norte. Un tratado a todas luces inequitativo entre las naciones participantes y en algunos aspectos violatorio de la soberanía nacional, como es el caso del trato que se le continúa dando a los mexicanos emigrantes y trabajadores que radican en Estados Unidos.

¿Es posible pensar que el gobierno estadounidense permitiría las autonomías propuestas por los pueblos indios, cuando la propia existencia de la soberanía nacional les parece obsoleta?

No solo México sino otras naciones latinoamericanas atraviesan por una crisis en su composición estatal provocada por la instauración de un modelo económico que lejos de haber logrado desarrollo y crecimiento económicos ha derivado en severas políticas y sociales. Así lo constatan los sucesos de los últimos años en Chile, Colombia y Perú, por referir los casos más sonados en los medios de comunicación. En todos y cada uno de ellos ha estado presente la mano intervencionista de Estados Unidos, quien a pesar de disputar a Europa la hegemonía sobre Medio Oriente, pretende imponer su libre arbitrio en América Latina.

Debemos entender que, al menos en el caso concreto de México, la lucha por las autonomías forma parte de un proyecto nacional que se ha venido gestando a lo largo de muchas décadas de exclusión y dolor, de miseria y discriminación entre los pueblos indígenas. Se trata de un proyecto nacional[9] dado que parte de los sujetos autonómicos que lo vienen impulsando están dispuestos a integrar e integrarse con otros sectores de la sociedad mexicana. Específicamente el EZLN, cuyos integrantes se levantaron en armas para ser escuchados y se taparon el rostro para ser vistos, se ha dirigido a estudiantes, campesinos, obreros, amas de casa, intelectuales, pequeños empresarios, asalariados, profesionistas de todas las razas, todas las religiones, todas las etnias para formar una nación distinta donde como ellos dicen «quepan todos los mundos». No reivindican la autonomía para pertrecharse en un ostracismo sin porvenir. Defienden, la autonomía y la libre determinación como vías para alcanzar una mayor democracia, equidad de género, para combatir la discriminación, integrarse a un mercado equitativo en el que puedan vender libremente sus productos y en el cual los pueblos indígenas sean considerados ciudadanos y se les reconozca como sujetos políticos capaces de participar en la vida nacional.

El propio EZLN ha hecho diversos intentos por tratar de integrar a las distintas fuerzas políticas progresistas del país en una lucha común contra el neoliberalismo. Su misma presencia internacional es un reflejo de su disponibilidad para abrirse al mundo, para intercambiar opiniones con los más diversos actores en torno a un proyecto de civilización alternativo al existente.

Por ello, consideramos que la lucha por las autonomías es más vigente que nunca. Desde ellas, se puede resistir pero también construir y organizar. El proceso de la lucha por las autonomías en México se puede convertir hoy día en la posibilidad de trabajar despacio y minuciosamente con los sujetos autonómicos y los más diversos sectores sociales para impulsar desde espacios como el trabajo, la escuela, la familia, los instrumentos de una transformación los que se incluyan identidades, culturas, proyectos e intereses diversos.

No obstante, la autonomía así entendida debe procurar no contaminarse de la cultura política hegemónica contra la cual se levanta. La autonomía no debe ser entendida en este sentido como limpieza étnica, etnicismo o autarquía. Tampoco debe dejar de mirar autocríticamente hacia su propio entorno para impedir la reproducción de prácticas políticas clientelares o corporativas. Debe procurar acercarse a lo más rescatable de la cultura democrática a saber: la tolerancia, el diálogo, la elección racional. Estas deben ser sus herramientas más preciadas para dirimir los conflictos provenientes de sus diversos orígenes étnicos, de sus identidades diversas y sus patrones morales y culturales diferentes.

Es importante discutir y nutrir estas experiencias latinoamericanas de autonomía, con las existentes en otros países y continentes, en otras culturas. Pues no debemos hacer a un lado que la lucha por las autonomías lleva implicada la lucha por una civilización distinta a la que hoy predomina hasta en los lugares más recónditos del planeta. Me refiero a la civilización hegemónica del capital en la que la producción y reproducción de la vida humana está subordinada a la producción y reproducción de mercancías. En la que existen los recursos naturales suficientes como para alimentar a toda la humanidad, pero en la que prevalece una racionalidad instrumental para la cual el hambre, la explotación y el desastre ecológico se justifican en aras del enriquecimiento constante de un quinto de la población que detenta el 86% de la riqueza mundial.

El impacto de las transnacionales
y la solidaridad internacional

Los consecutivos gobiernos federales presididos por Vicente Fox y Felipe Calderón, respectivamente, naufragaron entre la indolencia, la ineptitud y el seguimiento acrítico y cómplice de los programas impuestos desde el exterior, tal cual lo hicieran sus progenitores políticos, zedillistas y salinistas.

No hubo cambios en la conducción de la política económica del gobierno federal con respecto al régimen priísta. Los mismos funcionarios y las mismas orientaciones de avanzar en un modelo exportador funcional a los intereses del capitalismo norteamericano. De ahí el involucramiento de los sectores empresariales más afines a los intereses de las trasnacionales —con predominio estadounidense— en la búsqueda de asegurar sus ganancias. Es altamente prioritario para las empresas trasnacionales, el gobierno de Estados Unidos, y el «elenco» gobernante mexicano, asegurar las condiciones para que prosperara el Plan Puebla Panamá.

Armando Bartra define muy bien la mecánica del PPP:

> Los llamados Centros de Integración Rural que propone el PPP, y con ellos los interoceánicos corredores comerciales y de servicios, los «parques» industriales de maquila, los «desarrollos turísticos caribeños de cinco estrellas, las vertiginosas plantaciones celulósicas o huleras y las faraónicas obras de infraestructura propiciatorias de tales inversiones, son ante todo una posibilidad de hacer negocios que el gobierno de México y sus socios de Centroamérica le ofrecen al gran capital; junto con la mano de obra barata, leyes laborales y ambientales laxas, desregulación y exenciones fiscales, seguridad jurídica y otros arrumacos».[10]

Los orígenes del Plan Puebla Panamá se pueden localizar en diferentes instancias nacionales e internacionales. Coincide en esencia con el Plan Nacional de Desarrollo Urbano 1995-2000 del gobierno de Ernesto Zedillo y contiene las propuestas elaboradas en 1996 por la Consultora Ochoa y Asociados para el Megaproyecto del Istmo de Tehuantepec.[11] Muy pronto, el PPP despertó el entusiasmo de los consorcios empresariales, y para 1997 era previsto el apoyo del Consejo Empresarial Mexicano para Asuntos Internacionales (CEMAI) y el Consejo Empresarial de Integración Económica del Sureste (CEIDES).[12]

El Banco Interamericano de Desarrollo (BID) y el Banco Centroamericano de Integración Económica (BCIE), son los principales financiadores del proyecto. Las empresas que ya han mostrado su interés por invertir en el Plan Puebla Panamá son Odebretch (Brasil, Infraestructura) Banco Internacional de Japón (Hidroeléctricas), Grupo Pulsar, Grupo Xtra, Grupo Kanec, ICA, Impulsora Azucarera del Noroeste, Ceo Mcallen Economic Developement, Filmomedia, Consejo Mexicano de Comercio Exterior, Carso, Telmex, Grupo Financiero Banamex City Bank, entre otras.[13]

Un proyecto asociado con el PPP es el Corredor Biológico Mesoamericano, que cuenta con apoyos del Banco Mundial por 11.5 millones de dólares.[14] Los ecologistas «light» son compatibles con las ambiciones de las trasnacionales.[15] *World Wildlife Foundation, Conservation International, The Nature Conservancy,* participan en los trabajos de hacer a un lado el «escollo» que representan los indios y los pobres y no tienen empacho de asociarse con el gobierno mexicano promoviendo la supuesta defensa de la Reserva Biológica de los Montes Azules, a través de los intentos de desalojar a las comunidades indígenas que allí habitan.

El escenario social y económico de aplicación del PPP es la profundización de la contradicción entre la riqueza de recursos naturales y la pobreza de los habitantes. La región que abarca el PPP esta poblada por alrededor de 64 millones de habitantes. De ellos, la mitad vive y trabaja en el campo y el 18% es indígena.[16]

En el caso de México, las estadísticas afirman que el 60% de los mexicanos son pobres, circunstancia que se incrementa geométricamente cuando se compara la situación salarial de los trabajadores mexicanos y estadounidenses. El salario mínimo por hora de un trabajador norteamericano es de 5.15 dólares. Su hermano de clase mexicano percibe en la misma unidad de tiempo 10 veces menos si es trabajador industrial y 14 veces menos si es trabajador no calificado.[17]

Ofrecer al país como reservorio de mano de obra barata fue el principal atractivo que Fox y Calderón señalaron en sus muy frecuentes viajes al extranjero. Vender biodiversidad,[18] un esquema aceitado de mecanismos de contrainsurgencia, recursos naturales, patrimonio cultural, infraestructura portuaria, aeroportuaria y carretera, por supuesto que privada, conforman el resto del menú que ofrecen los ejecutivos gerenciales del país.

No es casual que entidades integrantes del territorio del Plan Puebla Panamá, reciclado como Proyecto Mesoamérica, ofrezcan las siguientes «ventajas comparativas»: Tabasco, segundo lugar en el PIB, y entre las diez primeras entidades con mayor índice de marginación; Oaxaca y Chiapas, 50% de la población clasificada como de alta y muy alta marginación.[19] Florencio Salazar Adame, antiguo priísta de Guerrero, bajo el «gobierno del cambio» secretario ejecutivo del PPP, y un tiempo funcionario de la presidencia, siguiendo los cánones de la economía clásica del siglo XVIII, afirmó que atraer inversiones es sinónimo de bienestar social.[20]

El hoy mundo paupérrimo, fruto de las insuficiencias del modelo de desarrollo estabilizador de los años setenta del siglo pasado, que no cumplió a cabalidad con la obligación constitucional de dotar de tierra a los campesinos y promovió el éxodo hacia la selva de las comunidades indígenas, ahora pretende su desalojo aún con violencia. Bajo el argumento tendencioso de la depredación de la selva por parte de las comunidades indígenas, se quiere instaurar una economía de plantaciones, con la potencialidad de fomentar el ecoturismo, con hoteles de cinco estrellas, además de realizar labores de BIOS-prospección y biopiratería. En este rubro encaja el negocio de las semillas genéticamente modificadas o transgénicas, emprendido por Pulsar, Savia, Monsanto, y Ciba.[21] El latrocinio de recursos naturales por parte de las trasnacionales, tan característico del siglo XIX y XX, hoy se reedita en las geografías más pobres del país, contando con tecnología e investigación científica de punta. La fiebre privatizadora para operar estas transformaciones no se hace esperar y los intentos de privatizar Áreas Naturales Protegidas y los centros culturales, sobre todo prehispánicos, son muestras de esta etapa de la subordinación del gobierno mexicano a la «modernidad capitalista».

La extracción de materias primas y la consolidación de corredores urbanos para la retención de trabajadores se encuentran entre las intenciones de los patrocinadores del plan e incluso en los planes de gobierno de la izquierda institucionalizada.[22] Estas son las bases del modelo exportador que en mucho se asemeja al impulsado por Porfirio Díaz en el siglo XIX. Las acciones gubernamentales están encaminadas a dirigir la migración interna y los asentamientos poblacionales de acuerdo a los intereses de la industria del este de los Estados Unidos. Además, un ordenamiento *ad hoc* de la población permitiría constituir en el país frenos a la migración centroamericana ilegal hacia el vecino del norte.

Una de las necesidades históricas del sector industrial estadounidense ha sido sortear con éxito los territorios de México y América Central en pos de acceder a los mercados asiáticos. Estados Unidos buscó resolver esta problemática con la construcción de una ruta expedita a través del Istmo de Tehuantepec en la segunda mitad del siglo XIX. La construcción del Canal de Panamá permitió a la nación del norte interconectar el tráfico marítimo interoceánico y sacar ventajas del paso del canal. Hoy, Estados Unidos tiene como horizonte los mercados emergentes en la región sureste de Asia para su producción industrial. De ahí que quiera tener en la región que se extiende de Puebla a Panamá, una red de carretas que significarían vía libre para las mercancías estadounidenses. Las condiciones políticas que el foxismo y el calderonismo pretendieron forjar para garantizar el éxito del PPP tienen que ver con el modelo bipartidista autoritario PRI-PAN. Ha habido una simbiosis entre el priismo de viejo cuño y el neoliberalismo exacerbado. Según Villamar:

> En el plano interno, de los estados del sur-sureste, el Poder Ejecutivo Federal de, al menos, los últimos doce años, extendió un cheque en blanco a los gobernadores priístas para aprovechar la liberalización salinista y las llamadas «ventajas» creadas por el TLCAN. Quintana Roo y Yucatán promovieron intensamente la mano de obra y el territorio baratos, así como la antidemocracia sindical y las violaciones ambientales reiteradas y avanzaron en la reproducción indiscriminada de las inversiones extranjeras turísticas y el narcotráfico, y del modelo maquilador. Sin embargo, la ineficiencia, antidemocracia, discriminación y la corrupción de gobernadores y caciques locales, así como diversas resistencias sociales muy activas crearon dificultades a su avance. No obstante, es políticamente significativo que el Presidente V. Fox en su gira centroamericana, haya logrado reunir en San José de Costa Rica a todos los gobernadores priístas de los estados del sur-sureste y alcanzar el consenso para apoyar el Plan Puebla Panamá.[23]

Los gobiernos mexicanos comprometen la soberanía nacional, en particular en el sureste mexicano. En desatención a lo estipulado en el artículo 27 de la Carta Magna, de por sí bastante disminuido por las contrarreformas salinistas, de que la propiedad del subsuelo es de la nación, han emprendido una campaña para privatizar PEMEX y ha dado un golpe de muerte a la compañía Federal de Electricidad.

El sureste mexicano es la gran reserva de recursos estratégicos. Provee petróleo, petroquímicos y gas natural y cuenta con una gran reserva petrolera en Ocosingo. El sur sureste es además zona considerada clave para la seguridad nacional de México y Estados Unidos por el flujo de indocumentados con dirección al norte, además de ruta del narcotráfico proveniente de centro y Sudamérica.[24]

El Convenio 169 de la OIT, los Acuerdos de San Andrés, la Iniciativa de Ley COCOPA son efectivamente una piedra en el zapato para estos proyectos del capital basados en el principio básico de que las comunidades deben decidir sobre los proyectos que se impulsan en sus territorios.

Los pueblos indígenas adheridos al zapatismo no van a permitir que sus territorios sean vías de paso de mercancías que no aporten nada al desarrollo sustentable local y nacional. El movimiento indígena mexicano, a través de una multiplicidad de organizaciones, entre las que destacan el EZLN y el CNI, ha dado una lucha frontal contra las políticas y planes neoliberales, principalmente contra el Plan Puebla Panamá.

El argumento principal de la resistencia al PPP ha sido su carácter depredador, centralista y antidemocrático. El movimiento indígena ha recurrido, como base de sus demandas y apoyo, a las políticas de resistencia, al Convenio 169 de la OIT, a los Acuerdos de San Andrés y al proyecto de ley COCOPA, los cuales facultan a las comunidades a decidir sobre el uso de los recursos naturales en sus territorios, a la vez que determinar los planes y proyectos a desarrollar en ellos.

Fue recurrente en los comunicados de los Municipios Autónomos, glosados por Enlace Civil A.C., el rechazo a las políticas asistencialistas de los gobiernos de Vicente Fox y Felipe Calderón, y los sucesivos del gobierno del estado de Chiapas, por considerarlos un señuelo para ceder a los dictados del PPP. En el 2003, el subcomandante insurgente Marcos advirtió al secretario de Relaciones

Exteriores, Luis Ernesto Derbez que en tierras rebeldes no se va a permitir el Plan Puebla Panamá.[25]

Las comunidades indígenas han sido claras en torno a que sus demandas de autonomía son el sustento para establecer formas de autogobierno y un marco jurídico alternativo que sirva a una reforma del Estado, de carácter democrático. Ha habido una respuesta totalmente inadecuada del gobierno federal. Como afirma Ana Esther Ceceña, el movimiento indígena ha demandado autonomía y el gobierno federal ha ofrecido empleos, demostrando un mal o acomodaticio criterio para el diagnóstico de la situación de los indígenas en Chiapas y el resto del país.[26] En el fondo está la visión asistencial del gobierno mexicano que es incapaz de identificar a los pueblos indígenas como sujetos colectivos de derecho. Por ello, libre determinación y autonomía no son «convalidados».[27]

El levantamiento Zapatista de 1994 tuvo la doble significación de parar la contrarrevolución antiagraria y neoliberal, además de ofrecer alternativas a México y el mundo. Contribuyó de manera consistente a un nuevo despertar de los pueblos y los sectores más esclarecidos de la intelectualidad mundial. La presencia del zapatismo ha sido constante en diferentes foros. Los más importantes, por el grado de convocatoria internacional, son el «Intergaláctico» de 1996 y el Foro Mesoamericano celebrado en Honduras, en 2003.

El 27 de julio de 1996, con la participación de más de 5 mil personas provenientes de 42 países, dio inicio el Encuentro Intercontinental por la Humanidad y Contra el Neoliberalismo, que arribó a la conclusión de impulsar una campaña mundial en defensa de las libertades políticas y de crear redes locales, estatales, nacionales e internacionales, que coordinen acciones contra el neoliberalismo.[28]

En un clima marcado por el entusiasmo de los participantes, pero también por agresiones y asesinatos de los paramilitares, acoso policial y militar contra ciudadanos de otros países y críticas de las derechas y de la izquierda funcional al neoliberalismo, los participantes debaten en cinco mesas sobre la política, la cuestión económica, la cultura y los medios, la sociedad civil, y un mundo donde quepan muchos mundos.

Como propuestas del Intergaláctico se arribó a las siguientes:

• Despenalizar las drogas blandas en todo el planeta. Canalizar recursos destinados al combate del narcotráfico a programas de desarrollo y bienestar social.

• Luchar por imponer un control social de los medios masivos de comunicación, «hoy controlados por un puñado de corporaciones trasnacionales».

• Crear una organización que articule las diversas luchas sociales, de cada país, contra el neoliberalismo.

• Impulsar una campaña mundial en defensa de las libertades políticas.

• Crear redes locales, estatales, nacionales e internacionales que coordinen acciones contra le neoliberalismo.

Por otra parte, se reunieron en Tegucigalpa, Honduras, 1 600 representantes de organizaciones sociales provenientes de quince países de México, Centroamérica, El Caribe, África y Europa, para celebrar el cuarto Foro Mesoamericano por la Autodeterminación y la Resistencia de los Pueblos y contra el Plan Puebla Panamá.[29]

En esta reunión se resolvió invitar al EZLN para participar en las jornadas mundiales de movilización contra la quinta reunión ministerial de la Organización Mundial de Comercio (OMC), que se celebró en Cancún, Quintana Roo, del 9 al 14 de septiembre de 2003.

Es de destacar que los movimientos autonómicos indígenas mexicanos han tenido una gran influencia en este tipo de actividades y foros de carácter internacional que encuentran una fecha paradigmática en julio de 1996, cuando se lleva a cabo el «Encuentro Intercontinental por la Humanidad y Contra el Neoliberalismo». La alternativa a la globalización excluyente, que ha constituido el movimiento iniciado en 1994, ha nutrido a fuerzas de todo el planeta que han hecho grandes esfuerzos para sumarse a las convocatorias zapatistas, resaltando la lucha por la democracia en todas las esferas de la vida humana, la sustentabilidad, a la vez que un combate a todas las manifestaciones de la desigualdad, de género, étnica, social y geográfica, a la vez que nuevas relaciones económicas apoyadas en la justicia y la participación de las comunidades.[30]

El foro decidió definir estrategias para enfrentar y revertir la embestida del neoliberalismo que consiste en asegurar los «derechos del capital». Reconoció un problema común, en la forma en que se subordinan las legislaciones de los países a la lógica de la ganancia, y como se cuestiona la viabilidad de las naciones por las grandes inversiones en infraestructura que significarán aumentar el ya tradicional endeudamiento. El documento muestra a nuestros países como víctimas del capital trasnacional. Este proceso desnacionalizador tiene como principal protagonista a la alta clase empresarial y al gobierno de Estados Unidos, el cual busca garantías para su seguridad nacional. La expansión de los capitales y la mayor presencia militar, directa e indirecta en la región, son los principales elementos de salvaguarda en ese sentido. El problema de inmigrantes ilegales es funcional a los intereses imperiales de Estados Unidos. Mediante la exigencia de políticas de control migratorio, se busca un pretexto más para la militarización de los países del área. De esta forma, las políticas migratorias estadounidenses son un eterno chantaje para nuestras naciones.

La Organización Mundial de Comercio (OMC), actúa con una doble intencionalidad. Por un lado, es la cobertura para que los países centrales instalen en los países dependientes sus industrias contaminantes, y por otra, bajo un manejo doloso de las leyes de propiedad intelectual pretende robar los conocimientos ancestrales de las comunidades indígenas.

La presencia del gobierno de los Estados Unidos en la región es altamente peligrosa para el desarrollo sustentable y para la reproducción de la vida de los pueblos indígenas y demás grupos sociales, víctimas históricas de la colonización. La represión contra las comunidades indígenas y afro descendientes es la cara de la misma moneda de las políticas de privatización.

Las políticas y reformas neoliberales han provocado, en síntesis, la destrucción de la agricultura campesina e indígena en Mesoamérica y la profundización de la pobreza rural; también se ha permitido la reconcentración de la tierra en pocas manos, a través de contrarreformas agrarias. La política global imperial actúa creando el hambre y después supuestamente mitigándolo. Esta política, que tiene exclusivamente una lógica de la ganancia, es el trasfondo de los transgénicos.

Luego de brindar las pautas para la acción ante la situación imperante, los redactores enarbolan la consigna: Otra Mesoamérica es posible.

En la lógica del Plan Puebla Panamá, el periodista Jorge Lofredo, de la agencia de noticias argentina Argenpress, reseñó, a partir de una nota del periódico *La Jornada* del 19 de julio de 2003, las andanzas de Derbez, secretario de relaciones exteriores del gobierno de Vicente Fox, como operador del Plan Puebla Panamá.[31]

Derbez descartó la posibilidad de que las comunidades indígenas rechacen o se opongan al Plan Puebla Panamá. Para volver a poner sobre la palestra el PPP, se reunió con los gobernadores de Veracruz, Campeche, Puebla, Quintana Roo, Tabasco, Oaxaca, Guerrero, Chiapas y el Secretario de Finanzas de Yucatán.

Todos los países de América Latina están siendo o serán afectados por nuevos proyectos regionales como el Plan Colombia-

Iniciativa Andina, el Plan Puebla Panamá-Iniciativa Mérida, el Comando América y el fracasado proyecto del Área de Libre Comercio de las Américas sucedido por los Tratados de Libre Comercio bilaterales y subrecionales. Todos estos proyectos en sus distintas modalidades económica, política y militar forman parte de la nueva configuración mundial que ha traído consigo la globalización.

El llamado nuevo orden mundial que surge, entre otros factores, a partir de la crisis del «socialismo real» y de modelos económicos de corte keynesiano en los países capitalistas, no solo redefinió las esferas de influencia e intervención entre los países del norte y del sur (antes llamados países desarrollados y en vías de desarrollo); sino entre los mismos países del norte. La Unión Europea y su antecedente, la Comunidad Económica Europea, así como el Tratado de Libre Comercio de América del Norte (NAFTA), surgieron como paradigmas de una nueva reestructuración regional del capital. Ello ha modificado, sin duda, por lo menos en América Latina, la redefinición de la esencia de los Estado-nación involucrados. Conceptos fundamentales de los Estados-nación como soberanía e independencia han sido puestos en vilo por el actual modelo económico imperante.

Así, los alcances y el papel de las autonomías en los países latinoamericanos también se han visto afectados por esta reconfiguración mundial del capital y sus fronteras. De hecho, el nuevo proyecto de dominación hemisférica de Estados Unidos pretende obstaculizar e incluso aniquilar la existencia de las autonomías en tanto posibles expresiones de resistencia cultural, política, económica y administrativa.

En México, el gobierno federal de las últimas administraciones provenientes del PRI y del PAN, ha impedido a toda costa la reivindicación por parte de los pueblos indígenas de la autonomía y la libre determinación por representar serios obstáculos al proyecto hemisférico de Estados Unidos.

Esta realidad se vincula con la presencia casi inalterada de grupos paramilitares en Chiapas. A modo de balance, continúa la presencia de paramilitares en Chiapas, se siguen sin aclarar los crímenes de Estado, perpetrados por paramilitares armados por el Estado mexicano, en Aguas Blancas y El Charco en Guerrero, El Bosque y Acteal en Chiapas y todas los asesinatos «hormiga» que han tenido como objetivo a los sujetos autonómicos; se mantienen los conflictos por la tierra en Oaxaca, Chimalapas, donde el obispo de Tehuantepec, Arturo Lona Reyes, denunció la reorganización y presencia de grupos armados en el lugar.[32]

Aquel 1ro. de enero de 1994, el vocero y comandante militar del EZLN declaraba la guerra al ejército y gobierno mexicanos por dos razones fundamentales. La primera de ellas era la ilegalidad imperante, pues el gobierno del país había surgido de un fraude electoral, de proporciones gigantescas. La segunda era la puesta en marcha del TLCAN que significaba el fin de las comunidades agrarias nacionales. Diez días duró la fase armada del conflicto. La segunda etapa, con la participación mayoritaria de la sociedad mexicana a favor de la paz y con el sello de la guerra de desgaste emprendida por el Estado mexicano e ideada en los centros del poder imperial todavía continúa.

El desarrollo del zapatismo conoció dos momentos. El primero fue defensivo, todavía apegado a un tipo de reivindicación en la cual imperaba la cuestión agraria. El segundo, que empieza en 1995, incorpora las demandas agrarias a las autonómicas, en torno a los proyectos de desarrollo, la organización política y la dinámica cultural.

El EZLN ha recibido el apoyo de organizaciones sociales y la presencia solidaria de figuras ligadas al pensamiento crítico ha sido frecuente. La autonomía, fruto de más de veinte años de reflexión teórica y con experiencias concretas de aplicación se enriqueció con los más interdisciplinarios planteamientos. Sin embargo, la semilla de la exclusión sembrada por la colonización occidental del mundo y el liberalismo hegemónico de larga duración, político y económico, sigue campeando en las esferas del Estado y en sectores no minoritarios de la sociedad.

Los reclamos autonómicos, como todas aquellas teorías y acciones de carácter germinal, maduran por la vía de los hechos, para luego adquirir el matiz normativo y por lo mismo, obligatorio. De los Aguascalientes a los caracoles, se trasluce el proceso por el reconocimiento legal en México. La batalla definitiva está por darse. Es necesario derrotar el proceso privatizador y desnacionalizador. En él, las autonomías tienen un destacado papel.

Mientras tanto, en los más variados espacios públicos del mundo impera la consigna de «Otro mundo es posible», con sus variantes nacionales y regionales. Es quizá una de las tantas evidencias de que un nuevo modelo civilizatorio está emergiendo.

Las autonomías en el contexto nacional

Las luchas indígenas en otras naciones han influido en las que se desarrollaron y las que se desarrollan actualmente en México. El Congreso Indígena realizado en San Cristóbal de las Casas, Chiapas, en 1974 estuvo enormemente influenciado por corrientes de pensamiento que se habían gestado a la luz de lo sucedido en otras naciones. Bolivia y Brasil[33] jugaron un papel importante en las posteriores experiencias nacionales.

La apuesta autonómica de los pueblos indígenas se manifestó abiertamente contraria a la posición eurocentrista basada en la «integración» al desarrollo, «hispanización» y «modernización» que les otorgaba un papel marginal en la definición de su futuro, y de cuyas visiones se desprendió la política oficial basada en el asistencialismo paternalista. Desde esa época se mostró la apuesta de los pueblos indios por una autonomía que no se redujera a la mera enunciación de aspiraciones, sino sobre todo, a la puesta en práctica de procesos de autodeterminación en sus comunidades.

Las organizaciones campesinas e indígenas independientes empezaron a articular sus viejas demandas económicas en torno al derecho a la tierra y a un salario justo, con sus nuevas demandas culturales, entendiendo la cultura en un sentido más amplio que incluye el derecho a sus formas de gobierno y sistemas normativos, al uso de recursos naturales y control del territorio.

El Congreso Indígena de 1974 puso en marcha una serie de iniciativas organizativas a nivel local y regional. No se basaban en la autonomía *per se*, sino en la autonomía de hecho, es decir, en las practicas comunitarias de los pueblos.[34]

A partir de esos años, los pueblos constataron que sus problemas eran muy similares y que no se debían únicamente a la marginación económica a la que habían estado sujetos, sino también, y principalmente, a la falta de espacios políticos dentro de los cuales pudieran incidir en la definición de las políticas públicas que determinaban los proyectos destinados a sus comunidades.

La construcción del sujeto autonómico se ha ido consolidando en las comunidades indígenas de nuestro país; los años ochenta fueron cruciales en este proceso. En el estado de Chiapas, caso obligado por la riqueza y complejidad del proceso que se gestó, se verificó un apogeo sin precedentes en la organización política de las comunidades. El tránsito de una lucha gremialista, sectorial, caracterizada por las demandas puntuales, a una lucha de tipo político general, que exigía una relación de respeto a la diferencia étnica, es el rasgo que característico de las organizaciones indígenas.

El corporativismo del sistema político mexicano fue crucial para determinar por un largo tiempo la conducta que deberían seguir las zonas rurales del país. Aunque sabemos que el campo y las zonas indígenas de México tienen una larga historia de luchas por la democratización, el campesino enmarcado en un movimiento general organizado desde «arriba» mantuvo una dependencia hacia las instancias gubernamentales, manteniéndolos dentro de su orbita de control político por medio de prebendas económicas.

Sin embargo, el cambio de orientación sufrido por el sistema político mexicano durante la década de los setenta rompió la alianza establecida con los campesinos, dentro de los cuales se encontraban los indígenas, y la clase detentadora del poder Estatal. La inauguración del neoliberalismo en México y América Latina trae implícita la sentencia de muerte contra una forma ético-cultural de reproducción de la vida; que además de ser mayoritaria en ese momento, era la encargada de salvaguardar la suficiencia alimentaría.

Las prioridades del capital provocaron enormes desajustes en el mundo rural para apropiarse de nuevos mercados y de mano de obra barata hacinada en ciudades nacidas de la noche a la mañana en gran parte del continente. Los indígenas y campesinos mexicanos sufrieron una embestida brutal proveniente de las trasnacionales.

La crisis económica de los años setenta provocó un proceso de insubordinación de los campesinos e indígenas mexicanos. En los años ochenta, la crisis del campo aflora con más fuerza y es en esa década que las organizaciones indígenas y campesinas independientes irrumpen por doquier. Años después, ya entrados en los noventa, y habiendo pasado este grupo social del reclamo gremial-asistencialista a la exigencia de una relación distinta con el gobierno.

El levantamiento indígena del primero de enero de 1994 es la consecuencia lógica ante los agravios cometidos en contra de un grupo social específico, al que se le había negado participación cabal en la nación. Es la respuesta de un sector de la sociedad mexicana que ha sido agraviado por las políticas del neoliberalismo, un sector que desde las esferas del poder se le había condenado a desaparecer y darle paso el empresario maquilador y al terrateniente trasnacional.

En este escenario, un acuerdo nacional de integración para todos era urgente. Los acuerdos de San Andrés representan esa apuesta por el futuro de nuestra nación, de ahí las reticencias gubernamentales por cumplirlos, de ahí también se desprende la trascendencia histórica de este documento y su cabal cumplimiento en lo inmediato. Y de ahí también que los pueblos indios hayan decidido en los hechos ponerlo en práctica.

La lucha por la autonomía ha tenido un sin número de manifestaciones en nuestro país. Tan solo en la últimas dos décadas ha sido materia de debates amplios en la búsqueda de consensos. Por poner un ejemplo, en la década de los noventa la autonomía era una reivindicación que esgrimían las organizaciones políticas que buscaban transformaciones locales mientras que en la actualidad es un movimiento vinculatorio entre la sociedad civil y los pueblos indígenas. Su posición, hasta cierto punto marginal o deliberadamente marginada de los debates nacionales y la democratización de las instituciones en nuestro país, se debía en gran medida a la posición que las organizaciones de izquierda habían adoptado para el tema autonómico.

En los movimientos de izquierda en el mundo, y en particular en América Latina, se pensaba que los indígenas se caracterizaban por una discontinuidad histórica con las luchas de liberación nacional y con la idea de un programa socialista. Se aseguraba que las reivindicaciones de los pueblos indios eran elementos retardatarios de una historia en la que esos «pueblos sin historia», como llamó Marx a los latinoamericanos, deberían de ser absorbidos por Estados Unidos para transitar por el desarrollo capitalista.

Así transcurrió gran parte de la segunda mitad del siglo XX. Por un lado, los movimientos indígenas no expresaban, en un marco nacional, sus aspiraciones autonómicas, y por el otro, los movimientos progresistas del continente descartaban a los indígenas como «sujetos revolucionarios». En esos momentos las reivindicaciones locales de los movimientos por la autonomía indígena estaban en el proceso de articular un discurso reivindicatorio de su identidad, el cual contemplaba sus necesidades inmediatas, para transitar a la construcción de un sujeto autonómico que pensara en los marcos de un Estado nacional.

De esta manera, el levantamiento zapatista no solo marca y determina al propio movimiento indígena sino que impacta en sectores y clases diversos diseminados por toda la geografía del país y, allende las fronteras, en distintas naciones y pueblos. Lo que antes de 1994 era una deuda histórica con los pueblos indios (de la que nadie hablaba, por cierto), se convirtió en la posibilidad de transformación radical del tejido social y la forma en la que el mando es aceptado, pues los pueblos indios de México reclaman su inclusión en el Estado nacional y la reafirmación de los compromisos establecidos hace casi un siglo en al Carta Magna del 1917.

Con todo, desde distintas perspectivas político-ideológicas, el zapatismo ha sido blanco de ataques y criticas dirigidas a minar su influencia regional, nacional e internacional o, incluso, abiertamente buscar su desaparición. En los primeros momentos se condenó la vía armada con la que irrumpió súbitamente. Los «pacifistas sociales» que nunca se preocupan por la violencia sistémica del Estado y las clases dominantes, pusieron el grito en el cielo por el uso de las armas por parte de los zapatistas para exigir el cumplimiento de la Constitución con base en su artículo 39.

En una segunda ronda, se buscó deslegitimar su particularidad indígena con argumentos racistas acerca del carácter manipulable innato de los indios, calificados de «simples cobayas» de los mestizos y, en consecuencia, incapaces de dirigir por sí mismos un movimiento insurreccional, así como de asumir proyectos nacionales de las dimensiones del neozapatismo, dada la supuesta *esencia inmutable* del carácter comunal de sus lealtades primordiales. El gobierno señaló el pretendido origen externo, aun extranjero, del movimiento, y recurrió a la asesoría de antropólogos oficialistas[35] y de sus inefables servicios de inteligencia que nutrieron de ideas-fuerza e información a múltiples artículos e incluso libros, uno de los cuales[36] mereció el dudoso honor de ser reseñado por Mario Vargas Llosa, el profeta intelectual de la derecha.[37]

Los ataques furibundos al subcomandante Marcos expresan el intento de personificación de todo un movimiento rebelde de raíces profundas, demostrando nuevamente la inagotable veta racista de los argumentos de sus denostadores. Al descalificar a Marcos (seña-lado como «bufón de tercer mundo» por Vargas Llosa), se pretende minimizar o ignorar un proceso social que involucra a numerosas comunidades indígenas, dentro del cual el papel del jefe militar y vocero obedece a estrategias y designios colectivos.

Con el paso de los años, las críticas se tornaron más sofisticadas y dirigidas a minar los esfuerzos de construcción de las autonomías indígenas que los mayas y otros pueblos indios desarrollaban en sus territorios. Los ilustres jurisconsultos inmediatamente advirtie-ron sobre la amenaza de «balcanización» del país y de ruptura de la idílica «unidad nacional» que ellas representaban, indicando de paso que también violentarían los derechos individuales consagra-dos en la Constitución.

Desde la academia y la intelectualidad con pasados marxistas ya olvidados[38] se recurrió a las perspectivas de inspiración europea de calificar a las autonomías demandadas por los pueblos indios como expresiones de «fundamentalismo étnico», tergiversando o ignorando que los propios Acuerdos de San Andrés y las orga-nizaciones indígenas han distinguido con claridad que los usos y las costumbres que fundamentan los procesos autonómicos deben tener un efecto liberador y no entrar en contradicción con derechos individuales fundamentales y particularmente aquellos que prote-gen la dignidad de las mujeres. «Un mundo donde quepan muchos mundos», no parece ser la consigna de autogobiernos intolerantes, autoritarios, sexistas y corporativos que más bien caracterizan los enclaves del caciquismo de origen priísta, cuyo caso ejemplarizante podría ser Chamula.

Se ignoró una extensa literatura que desde la perspectiva autonomista critica al etnicismo y a toda forma de fundamentalismo o *limpieza étnica* y que insiste en la imprescindible naturaleza incluyente de la libre determinación indígena. Desde hace años que se viene señalando en el debate de las autonomías que los procesos que ellas abren no son panaceas que garanticen necesariamente una solución de los problemas de los indios y una puerta segura hacia su liberación. Se ha insistido que lo importante es la construcción de un sujeto autonómico con una perspectiva integral del conjunto de los derechos individuales y colectivos que las autonomías implican como mecanismos de solución de conflictos y como factores iniciales de una democratización de las estructuras nacionales, entre ellas, sin duda, la transformación democrática de las propias entidades étnicas en el camino de la construcción autonómica. Nadie de los autonomistas ha concebido los municipios y las regiones autónomas como reservaciones de la marginalidad y mucho menos como cotos del narcotráfico o espacios ideados por nostálgicos socialistas. Esto resulta antitético a la idea misma de las autonomías y eso lo saben bien quienes lanzan sus dardos envenenados contra el zapatismo, los pueblos indios y sus procesos autonómicos.

Los partidos políticos

La creación de los partidos políticos en México, como en todo Latinoamérica, responde al sistema liberal decimonónico importado a estas latitudes desde la Europa del capital por las élites criollas. En la mayoría de los casos, los partidos políticos responden a intereses bien constituidos que no representan las aspiraciones de las clases populares. En caso de México, el Partido Revolucionario Institucional, antes Partido Nacional Revolucionario (PNR), surge de la masiva manifestación de voluntades que confluyeron en el proceso revolucionario de 1910-1920. Puede decirse que en la historia de nuestro país, esta fue la primera vez que institucionalmente las clases populares contaban con una representación, aunque esta se basara en la organización corporativa y burocrática de los sectores sociales.

Mientras el PNR-PRI por momentos representaba los intereses de la sociedad mexicana, la derecha clerical, que se ubicaba en el siglo XIX con el bando conservador, creó su propio partido político para que representara sus intereses. El Partido Acción Nacional (PAN) surge en 1939 como garante de los intereses de clase de parte del empresariado nacional; pero sobre todo, se consolida como el referente ideológico de una visión de mundo marcada por el adoctrinamiento religioso.

A la par de estas grandes tendencias ideológico-partidarias con presencia institucional sistémica, se había ido desarrollando una izquierda política muy diversa, que tanto podía manifestarse en agrupaciones partidarias proscritas por el régimen, como podía ser parte estructural y orgánica de las luchas de trabajadores, campesinos y estudiantes de mediados del siglo. La izquierda mexicana de aquellos días tenía un carácter de definición ideológica bien marcada en las grandes y diversas tendencias del marxismo y anarquismo.

A través de la historia moderna de México, los partidos políticos no han mostrado un mínimo interés por los pueblos indios, ya no digamos por la iniciativa de la autonomía indígena. Para estos partidos, la causa indígena fue un lastre que se arrastraba del pasado, y que no pudo ser comprendida ni siquiera por los movimientos más progresistas. Que los antropólogos estuvieran determinados por una visión eurocéntrica-positivista para estudiar la realidad indígena, aún a inicios de la década de los setenta, dice mucho acerca de la incomprensión y el trabajo que ha costado a los *mexicanos* desprenderse del yugo ideológico impuesto desde el poder y la dominación cultural europea y estadounidense.

En la realidad partidaria, la incomprensión a la iniciativa de autonomía indígena lejos de disminuirse se acrecentó, como lo demuestra la negativa de ratificar la llamada «Ley COCOPA» que recogía los Acuerdos de San Andrés. Categórica negativa por contemplar un doble discurso proveniente desde el sistema de partidos construido en bases abiertamente racistas: con los indios se puede negociar pero hacerlos sujetos de derechos, es decir cumplirles la palabra empeñada, no es posible. Para el sistema de dominación imperante, el sistema de representación indígena implica un cuestionamiento radical a las formas de mando y obediencia impuestas por el liberalismo. Si bien es cierto que no es homogéneo, la Asamblea es una particularidad presente en casi todas las formas de representación de los pueblos indígenas, y esta a su vez no puede ser aceptada en las democracias burguesas.

El Partido de la Revolución Democrática (PRD), que proviene de un movimiento social popular, trató en sus inicios de entender y acompañar la causa indígena; sin embargo, ni sus documentos básicos (plataforma política, estatutos, plan de acción y otros), ni su accionar cotidiano reflejó un debate continuo y serio acerca de la problemática indígena.[39] La pretensión del PRD de ser el partido que aglutine las causas y los movimientos de izquierda, es decir, querer que surjan los movimientos populares de su aparato burocrático, le impide comprender a profundidad la problemática indígena y su apuesta por la autonomía. Los indígenas han luchado no para que alguien los represente, si no ser ellos mismos los dueños de su presente y futuro.

El sistema de partidos en México, como en todo lugar del planeta donde se ha adoptado este sistema de representación liberal, está sumamente desgastado. No es simplemente por la fórmula, ideada por la burguesía revolucionaria para hacerse del control político, sino por la incapacidad de la izquierda electoral de deshacerse de su vena burocrática e ir a encontrar a los movimientos sociales ahí donde se están gestando.

Los partidos de izquierda, al desprenderse de su filiación ideológica en aras del acceso al poder, perdieron la oportunidad de defender su propio proyecto. Ahora, dependientes de los dictados del sistema de dominación, vaciados de contenido ideológico, navegan a la deriva ante los caprichos de sus «personalidades» y sus intereses.

Es sumamente difícil que los partidos políticos en México entiendan una propuesta de autonomía que les viene de fuera. No es el caso del país Vasco o el Movimiento del *Sinn Fein*, en Irlanda. Los partidos políticos en México, tanto de izquierdas como de derechas, representan un todo integral cerrado a la participación indígena. Por ello, la propuesta de autonomía implica una refundación estructural de las instituciones constitutivas del Estado mexicano.

La irrupción de una sociedad civil agobiada por la incapacidad gubernamental, por la corrupción del sistema político, por la falta de libertades inherentes a una democracia y la crisis económica que se instaló y de la cual aun no hay salida, tuvieron como corolario el movimiento telúrico en septiembre de 1985. A la tragedia dejada a su paso por el terremoto se sumó la indignación por observar la anomia gubernamental que únicamente actuaba para declarar que todo estaba bajo control y que no había sucedido nada, cuando la Ciudad de México lucía como una zona devastada por un bombardeo.

En este contexto, la sociedad tomó en sus manos el servicio de protección civil y de manera espontánea salió a las calles para auxiliar a los que lo necesitaban. En ese momento, los ciudadanos sin organización tomaron el espacio que el Estado había dejado. La organización no gubernamental en México surgió en este momento de crisis. Con anterioridad se había manifestado aisladamente, pero durante esos días tomó la magnitud de un sujeto social y se ganó el espacio dentro del imaginario colectivo.

Nacida de las necesidades de la población civil, la acción de las ONG's se ha caracterizado por entender de una manera más acabada la enorme complejidad del movimiento indígena. Obviamente, este sector ha tenido un proceso de aprendizaje que ha pasado por varios momentos de tensión; sobre todo porque algunos organismos, amparados en una visión reduccionista de los pueblos indios, promovían el asistencialismo como acción continua para relacionarse con ellos.

Hemos de recordar que después del levantamiento indígena de 1994, proliferaron las ONG's con un perfil de atención a la problemática indígena. Muchos de estos organismos entendieron el papel que debían jugar en el proceso de afirmación del sujeto autonómico: acompañar solidariamente sus iniciativas y servir de mediadores cuando las comunidades indígenas así se los pidieran. Algunos entendieron, afortunadamente, pero la inmensa mayoría no vio sino la oportunidad de hacerse de más recursos por la vía del asistencialismo.

Con recursos provenientes del gobierno, empresas, fundaciones o particulares muchas ONG's determinan con esa perspectiva en qué, cómo y dónde se invierten los recursos destinados a las comunidades indígenas, sin preguntarse por la viabilidad y prioridad de esos proyectos y el impacto cultural y social que tendría en las comunidades indígenas. Para tratar de frenar esta relación desventajosa, por lo que toca a las comunidades zapatistas, la reciente creación de las Juntas de Buen Gobierno es una respuesta.

Muchas ONG's conocen muy de cerca el proceso de la autonomía, principalmente en el estado de Chiapas, pues han sido parte del proceso de construcción de la identidad autonómica. Organizaciones como Enlace Civil, Ciepac, Red de Defensores Comunitarios y la Organización Defensora de los Derechos Humanos Fray Bartolomé de las Casas, entre otras muy destacables, han aprendido que el proceso de autonomía en las comunidades indígenas es la manera que tienen los pueblos para defender su cultura y dirigir sus destinos. Ante esta posición, lo menos que pueden hacer estos organismos, y así lo han llevado a cabo, es respetar las decisiones de las comunidades.

La Iglesia

La Iglesia Católica, con un legado de poder e injerencia en la dominación ideológica y física de los pueblos indios, en México ha tenido un papel protagónico en su sometimiento. Partidarios de la espada como elemento de evangelización, la Iglesia Católica como institución fue crucial en el genocidio y etnocidio perpetrado contra los pueblos originarios de nuestra América.

El indio, valiéndose de una forma peculiar de resistencia, absorbió la religión y la cultura del dominante en un proceso de sincretismo que les dio a sus propios dioses un lugar en los altares del colonizador. La Iglesia Católica, con su enorme influencia sobre las poblaciones indígenas profundamente creyentes, y conocedoras de la profundidad del proceso de aculturación y resistencia de los indígenas, ha influido en la construcción política-ideológica de los pueblos indios.

La institución eclesiástica, sin embargo, refleja las contradicciones de la sociedad y en su seno han surgido corrientes, como la Teología de la Liberación, que se han negado a ser instrumento del poder establecido. Así, la Iglesia ha sido partícipe en el proceso de construcción del sujeto autonómico indígena, en algunos casos alentándolo, en otros intentando frenarlos. También, es ambigua la posición de la Iglesia ante los Acuerdos de San Andrés. Por un lado, el cardenal Rivera, presidente del Consejo Episcopal Mexicano (CEM), apoya el cumplimiento de dichos acuerdos y, por el otro, descalifica a los dirigentes indígenas y no indígenas que defienden esta posición desde una trinchera que no es la sacerdotal. No es nada novedoso; por siglos esta institución se ha considerado como la única capacitada para hablar de y por los pueblos indios.

La reivindicación de autonomía ha significado pérdida de hegemonía por parte de la estructura institucional de la Iglesia, aunque en algunos casos implique reforzamiento de su estructura de base, contradicción que por momentos democratiza a la institución eclesiástica que por definición es dogmática y jerarquizada. La autonomía indígena, por consiguiente, impacta directamente en la ascendencia que esta institución tiene sobre todo el entramado social de los pueblos indios. La estrategia de la Iglesia no es muy clara, pero por lo que deja ver, si han perdido su influencia determinante en muchas de las comunidades indígenas.

El Ejército

La sublevación indígena de 1994 provoca serias repercusiones en el aparato militar. Por un lado, el monopolio de la fuerza legítima que el Ejército reclama para sí, es puesto en cuestionamiento por otro actor militar. En segunda instancia, todo aquello que en la Constitución se señala que el Ejército está obligado a defender, el EZLN lo reivindica.[40] Por último, el control del territorio que supuestamente corresponde a ese ejército nacional es puesto en cuestionamiento por los mayas zapatistas.

Todas estas particularidades, sobre todo la concerniente al control territorial, han provocado la reacción virulenta de la institución castrense. Para los militares, sin mucha reflexión de por medio, la autonomía implica «independencia», pues su adoctrinamiento así se los señala. Ceder soberanía federal a las regiones indígenas es algo que el Ejército Mexicano ve con sumo recelo, pues su pretensión es derrotar en el plano militar a una fuerza armada del pueblo que considera como *subversiva* y *enemiga* pero que políticamente es fuerte y mantiene el apoyo de la sociedad nacional e internacional.

Las fuerzas armadas han actuado con el respaldo del gobierno federal, primero encabezado por el PRI, luego por el PAN y ahora de nuevo por el PRI. La estrategia de contrainsurgencia busca derrotar por la fuerza de las armas el movimiento indígena que exige el respeto a su cultura, sus tradiciones y el manejo como gobierno autónomo de los recursos existentes en sus territorios.

La institución castrense mexicana es sumamente racista aunque paradójicamente la gran mayoría de sus efectivos sean campesinos pobres e indígenas. Sus altos mandos no aceptan que los pueblos indios del país reivindiquen su derecho a regirse con sus propias leyes. Eso le ha causado una crisis estructural en su interior, pues los militares están en una guerra que no ganan; mientras el adversario avanza políticamente, ellos se desgastan. Más aún, sufren un proceso de deslegitimación ante gran parte de la sociedad por atacar y reprimir a un movimiento político-social que se ha ganado el respeto y el apoyo de las clases populares, es decir, de la mayoría de la población.

Tal carencia de legitimidad se refleja en la falta de entusiasmo que las nuevas generaciones tienen ante el Ejército y su renuencia a formar parte de las fuerzas armadas. Si bien es una tendencia mundial no querer integrarse a la institución castrense, eso no explica que en un país de 64 millones de pobres y un enorme numero de desempleados, el Ejército mexicano tenga que ir a reclutar a sus potenciales integrantes en las estaciones del transporte urbano de las ciudades y a través de los medios masivos de comunicación.

Así, el Estado nacional mexicano ha respondido desde el inicio del levantamiento zapatista con la mayor insensibilidad política, acudiendo a una estrategia de contrainsurgencia apoyada principalmente en el paramilitarismo, para intentar desarticular a los movimientos indígenas y a sus bases de apoyo. Desde 1994 hubo una reestructuración total de las fuerzas armadas mexicanas bajo los lineamientos de la contrainsurgencia. De 1994 a la fecha, las fuerzas armadas mexicanas se modificaron sustancialmente de un ejército relativamente pequeño —en estos años crece en 40 mil efectivos— a un gran ejército de contrainsurgencia.

Desde la Rebelión Zapatista, se desarrolla una contrainsurgencia activa o preventiva no solo en el estado de Chiapas sino también en regiones de Guerrero, Oaxaca, Veracruz, Tamaulipas, Estado de México, Puebla. Podríamos proyectar el actual emplazamiento militar sobre un mapa étnico y el traslape sería exacto, esto es, ahí donde están los pueblos indígenas, observamos una gran presencia militar.

El Ejército tiene total control aéreo, terrestre, de comunicaciones e inteligencia sobre las principales zonas de conflicto. También se han infiltrado entre la población civil con la intención de generar división y ruptura del tejido social de las comunidades en el marco de una estrategia de acción paramilitar. Entre otras tácticas, los cuerpos militares y paramilitares trabajan en la cooptación de los jóvenes y las mujeres; por la vía de la incorporación al trabajo paramilitar regularmente pagado de los primeros o generando redes de prostitución en el caso de las segundas, desde luego en ambos casos mediante la inyección dosificada de recursos económicos.

Todo parece indicar que el gobierno federal actual ha renunciado al camino del diálogo y la negociación y se ha decidido por la continuación del asedio, poniendo énfasis en las acciones paramilitares. Podemos observar que, mientras se maneja ante la opinión pública la voluntad de avanzar en el diálogo y la negociación, en los hechos se incrementan las fuerzas militares, se continúa el asedio y el hostigamiento y se toleran sin más a los grupos paramilitares, al mismo tiempo que se mantiene neutralizada a la Comisión de Concordia y Pacificación, que sería la instancia del Congreso de la Unión encargada de llevar a feliz término las negociaciones.

No hay elementos que permitan aseverar que en México se ha dado un cambio significativo de Estado. A pesar de la derrota sufrida por el monopolio exclusivo del gobierno federal mantenido por el PNR-PRI durante siete décadas, lo sustancial del Estado mexicano sigue incólume. No importa cuál de esos partidos controla a ese Estado. Sus acciones en materia de política económica han puesto de relieve la voluntad por profundizar el modelo neoliberal. Hay continuidad en ahondar los procesos de privatización y de incrementar aún más la dependencia estructural del país con respecto a los Estados Unidos. En la puesta en marcha del Plan Puebla Panamá, el Plan Mérida, y la actual guerra contra el narcotráfico, como estrategia imperial, el aparato burocrático militar, con el auxilio de grupos paramilitares, cumple una función relevante. Los gobiernos de Fox, Calderón y Peña Nieto, de cara a los intereses de las trasnacionales, no cambiaron la estrategia de contrainsurgencia que llevó a cabo el gobierno anterior del PRI. Los recursos propagandísticos con respecto al tema indígena, a lo largo de las administraciones panistas, fueron tan solo una cobertura mediática de la readecuación de esa estrategia.

Existe un elemento crucial en la estrategia contrainsurgente en Chiapas: la utilización de grupos paramilitares propios de las comunidades indígenas que son utilizados para llevar a cabo tareas de guerra sucia que el ejercito prefiere o no puede llevar a cabo directamente. El paramilitarismo sirve a los fines de la contrainsurgencia, destruyendo o deteriorando severamente el tejido social de las comunidades. Actúa bajo las más diversas expresiones. Agrediendo a prestadores de servicios sociales en campamentos de desplazados, originando condiciones de expulsión y de nuevos desplazamientos de población indígena, coaligándose con autoridades civiles, ejerciendo acoso sobre dirigentes comunales mediante la acción de jueces venales y policías judiciales, infiltrando organizaciones sociales y religiosas, realizando labores de inteligencia y de provocación a través de rumores y contra información, provocando incendios en la selva, participando en el tráfico y distribución de armas, apoyando —con la complicidad del aparato gubernamental utilizado para la contrainsurgencia— disyuntivas desarrollistas que ocasionan deterioro ambiental y divisiones intracomunitarias, ubicando como enemigos del desarrollo a las comunidades que se niegan a seguir la lógica del capital y, sobre todo, originando o aumentando la espiral de violencia en las comunidades, haciendo de esta un modo de vida. La fisonomía de las culturas indígenas ha cambiado a partir del militarismo y el paramilitarismo. La llegada de fenómenos nuevos como la prostitución y el narcotráfico no son circunstancias «naturales», sino el resultado de la presencia del Ejército en las comunidades de Chiapas y la adhesión de los paramilitares a la vida de las mismas.

Los patrullajes del Ejército y las fuerzas de seguridad pública se están incrementando, así como los vuelos rasantes. Autoridades de los municipios autónomos «17 de Noviembre» y «Primero de Enero» —por mencionar solo algunas de las denuncias diarias que se reciben— reportan intensos recorridos de vehículos militares y de seguridad pública en las rutas Altamirano-San Cristóbal, Altamirano-Ocosingo y Ocosingo-Zona Norte. Los soldados incursionan en los poblados zapatistas amenazando que los van a «barrer», mientras irrumpen en las comunidades en busca de presuntos «secuestradores» denunciados por informantes o paramilitares. Las prácticas de tiro en cuarteles cercanos a comunidades indígenas, los interrogatorios sobre ubicaciones y labores de militantes zapatistas, la participación del Ejército en todo tipo de actividades, la militarización de la vida civil, crea un ambiente propicio para el reclutamiento y la actividad de los paramilitares. Estos grupos que han sido armados, entrenados, tolerados y coordinados por el Ejército y la Procuraduría General de la República, surgidos de la delegación ilegal y clandestina del uso de la fuerza por parte del Estado, continúan vigentes en Chiapas. Las conclusiones del III Informe de la Comisión Civil Internacional de Observación por los Derechos Humanos en México del 2003, señalaron claramente: «Los grupos paramilitares no han sido desarmados ni desarticulados, ni siquiera han sido recuperadas las armas que se utilizaron en la matanza de Acteal».

Ahora bien, para documentar la historia del proceso de militarización y paramilitarización que se ha vivido en Chiapas, presentamos cinco gráficas que muestran de manera sistematizada información obtenida gracias a la difusión de *Enlace Civil* a lo largo del período comprendido entre enero y septiembre de 2002.

En el Anexo No. 10 (p. 199), observamos el contenido, desglosado por mes, de 114 comunicados de prensa que dan cuenta de un amplio número de casos de violación sistemática de los derechos civiles y humanos de los habitantes de las zonas bajo el control zapatista, y del proceso de contrainsurgencia establecido en esas zonas.

En el Anexo No. 11 (p. 200), se muestra la incidencia de las denuncias presentadas en cada una de las zonas o municipios en el período señalado. Pueden existir discrepancias entre el número de denuncias por municipio, ya que todos los municipios autónomos se encuentran dentro de municipios oficialmente reconocidos, pero no todas las quejas provienen de zonas autónomas. En algunos casos los denunciantes no precisan el municipio, por lo que se ha tomado como punto de referencia el nombre de la comunidad. Finalmente, las denuncias consideradas en «otros municipios» son de los presos zapatistas encarcelados en Chiapas y en Tabasco, así como las presentadas directamente por los integrantes de las organizaciones defensoras de los derechos humanos.

Se expone en el Anexo No. 12 (p. 201), las cifras de casos por grupo denunciante. Como queda claramente establecido, son los concejos autónomos los que realizan la mayoría de las denuncias, echando por tierra la idea de que los zapatistas no están hablando ni informando.

Para realizar el Anexo No. 13 (p. 202), se tuvo que hacer el mayor ejercicio de subjetividad de las cinco gráficas. Las denuncias presentadas en los comunicados no tienen criterios uniformes, por lo que su clasificación es arbitraria y de mi exclusiva responsabilidad. Sin embargo, dada la amplia gama de acciones de contrainsurgencia que se desarrollan en las zonas zapatistas no queríamos limitarnos a unas cuantas categorías, por lo que se expresa ampliamente la gama de actividades de hostigamiento. En la categoría «hostigamiento militar y paramilitar» se encuentran actividades que van desde envenenamiento de ríos, patrullajes, ostentación de armas, vuelos rasantes, hasta espionaje de las actividades de las comunidades zapatistas.

El último, el Anexo No. 14 (p. 203), señala las instituciones denunciadas en los comunicados emitidos por *Enlace Civil*. Cabe señalar que en muchos de ellos no se denuncia a una sola institución, por lo que el número total de organizaciones supera al del total de comunicado.

Antes del 1ro. de diciembre de 2000, la violencia paramilitar estaba siendo llevada a cabo fundamentalmente por grupos emanados del PRI, o de partidos satélites, como el partido cardenista. Más tarde, los patrones de comportamiento de los grupos paramilitares han sufrido ciertas transformaciones, como se observa en el cuadro anterior. La capacidad del Estado para cooptar a organizaciones que antes expresaban posturas de oposición y coincidían con los zapatistas, como la Organización Regional de Cafeticultores de Ocosingo (ORCAO), se incrementó. Y la forma como va creciendo la violencia en el interior de las comunidades, inducida por el Estado, está generando condiciones propicias para una mayor paramilitarización en Chiapas.[41]

Para reforzar esta afirmación baste un ejemplo de la estrategia gubernamental foxista, explicada sucinta, pero contundentemente por los miembros del Municipio Autónomo Primero de Enero, quienes denunciaron que «los de la ORCAO y el gobierno, buscan que negociemos la tierra, les interesa para llenarlas de vacas, así como Fox planea quitar la tierra de las comunidades para poner aeropuertos, aquí el gobierno y la ORCAO planean quitar la tierra para poner vacas y para hacer carreteras, por eso buscan e inventan problemas y delitos para obligarnos a negociar las tierras porque lo que ellos quieren es volver a la propiedad privada y no a la propiedad comunal y mucho menos a la propiedad colectiva».[42]

En ese sentido, observamos con preocupación la funcionalidad con el sistema de grupos relacionados con el Partido de la Revolución Democrática.[43] La forma como se coordinan con el gobierno federal ciertas organizaciones de base que anteriormente respondían a formas independientes de funcionamiento y organización, y el clima de violencia que van provocando, las «detenciones» de miembros de ORCAO por parte de autoridades autonómicas y de militantes autonómicos por parte de ORCAO, enrarecen la situación.[44]

Asimismo, las tres vertientes de la ARIC han hostilizado a ciertos municipios autónomos directa e indirectamente. Tan solo como un ejemplo de esto, en mayo de 2003, la ARIC-Independiente «inventó» la historia de que los zapatistas del *Municipio Autónomo San Manuel* habían secuestrado a un miembro de su organización, por lo que de inmediato pidieron «al Ejército y a la Seguridad Pública su apoyo para tomar los nuevos poblados San Marcos, Francisco Villa, Emiliano Zapata y Miguel Hidalgo». Esta situación, aseveran las autoridades autónomas, generó la aprehensión de cuatro habitantes del municipio autónomo y que «una vez más la mentira nos quiere dividir y provocar la intervención de los soldados y de la Policía Federal Preventiva».[45]

La paramilitarización y la contrainsurgencia en Chiapas no han cambiado en esencia con los dos gobiernos del PAN. Se mantiene en la actualidad:

1. El despliegue de formas de violencia ilegal bajo un discurso «modernizador». El argumento es que los zapatistas se aferran a sus formas tradicionales de vida y se oponen al «progreso» que llegaría por medio de programas gubernamentales de desarrollo, estimulando la propiedad privada.

2. El fomento de estilos de vida sustentados en el lucro y la ganancia, muchas veces ligados a actividades ilícitas como el cultivo y tráfico de drogas, aumento del tráfico y distribución de armas.

3. La realización de labores de inteligencia militar mediante la infiltración en las comunidades y a partir de un sinnúmero de coberturas: vendedores, predicadores, técnicos, etcétera.

4. La coordinación de las acciones de los paramilitares con los operativos del Ejército y la Seguridad Pública del estado.

5. La puesta en marcha de una campaña de temor en las comunidades haciendo que los paramilitares sean muy visibles, como está sucediendo en El Triunfo, Municipio de Altamirano, donde los paramilitares aparecen con uniformes azules y con armas de alto poder.

6. La provocación de incendios en bosques en una escalada similar a la de 1998, para aterrorizar a las comunidades, alterar el entorno, y crear condiciones para apropiarse de las tierras de las comunidades.

7. El agravamiento de disputas agrarias provocadas por organismos oficiales y en las que se van involucrando los paramilitares.

8. Los ajustes de cuentas entre los propios jefes paramilitares e intentos de involucrar en estas a los Municipios autónomos.

A modo de conclusión, consideramos que los planteamientos del *Plan Chiapas 2000,* que hicimos público en ese año, son consecuentes con lo planteado por el Ejército en 1994. El objetivo clave en ese momento era «romper la relación de apoyo que existe entre la población y los transgresores de la ley».[46] Más adelante, este documento afirmaba: «Los servicios de Inteligencia Militar deben organizar secretamente a ciertos sectores de la población civil; entre otros a ganaderos, pequeños propietarios e individuos caracterizados con un alto sentido patriótico, quienes serán empleados en apoyo de nuestras operaciones», propósito prácticamente igual a lo establecido en el punto 3.3 del *Plan Chiapas 2000.*

Algo no previsto por los jerarcas militares en 1994, es la amplia convocatoria mantenida por el EZLN en los ámbitos regional, nacional e internacional a lo largo de estos años. Sin embargo, persiste la visión contrainsurgente de considerar a la guerrilla como el pez y a las organizaciones sociales el líquido vital. En consecuencia, los gobiernos panistas se plantean ganar para sus objetivos a ciertas organizaciones sociales, como la ORCAO o las tres variaciones de ARIC, y con ellas, socavar a las comunidades zapatistas en resistencia y disputarles territorio y hegemonía, y, sobre todo, suprimir las experiencias de los Municipios Autónomos. Todo ello con la activación o reactivación de grupos paramilitares en las zonas de La Selva, Los Altos y el Norte de Chiapas.

En marzo del 2011, se publicó el último *Balance de Situación* de la Fiscalía Especializada en Delitos Cometidos en la Procuración y Administración de Justicia en el Estado (de Chiapas) y aquellos cometidos en el Poblado de Acteal, mismo que sirve como sustento de la demanda en contra de Ernesto Zedillo por diversos delitos graves —entre los que destacan crímenes de guerra y lesa humanidad—, presentada el 16 de septiembre de ese año en la Corte del Distrito de Connecticut, Estados Unidos.[47]

El *Balance de situación* —de 125 páginas a renglón cerrado— es un sorprendente alegato en el que, sobre la base de las diligencias realizadas y de la documentación recabada y verificable a partir de su creación en noviembre del 2007, la Fiscalía llega a las siguientes conclusiones: 1) la masacre de Acteal no fue un hecho sorpresivo ni aislado: fue el clímax de una cadena de violencia que anticipaba la matanza del 22 de diciembre de 1997; 2) la posibilidad de los hechos de violencia referidos eran de conocimiento de la autoridad local, estatal y federal; 3) las autoridades federal y estatal también estaban informadas sobre la presencia de grupos armados «paramilitares»; 4) dada la documentación y la evidencia, la conclusión lógica que se impone es que hubo responsabilidad penal por omisión impropia (conspirativa) de parte de los gobiernos federal y estatal en la masacre de Acteal, responsabilidades que no se han deslindado, y por lo tanto, hay un caso de impunidad en hechos que implicaron la muerte de 45 personas; 5) existen elementos para argumentar también responsabilidades del gobierno como promotor de los grupos armados; 6) para conocer la verdad histórica, deslindar responsabilidades y lograr justicia en el caso Acteal, es indispensable la comparecencia de personalidades que, hasta la fecha, no han dado cuenta de sus actos: principalmente, es preciso obtener el testimonio del entonces presidente Ernesto Zedillo Ponce de León y de su secretario particular, Liévano Sáenz Ortiz, y precisar su responsabilidad en el homicidio; 7) la tesis del conflicto intercomunitario es solo una parte de la explicación en el caso Acteal, pues sin el componente de omisión, y de permisividad de parte del gobierno respecto a la escalada de violencia regional y la presencia de grupos armados, no es posible dar cuenta satisfactoriamente de por qué ocurrieron así los hechos; 8) el uso de las instituciones de justicia con agendas políticas provocó la detención de inocentes y la fabricación de culpables y, en todo caso, se negó a los inculpados (culpables e inocentes) el derecho al debido proceso; 9) a casi 16 años de la masacre de Acteal, además de los deliberados errores y las graves omisiones del momento, y del abusivo modo como se impartió justicia después, hay una serie de preguntas que siguen necesitando ser respondidas por las autoridades de aquel entonces; y, 10) se ha soslayado el valor documental que aportan los medios de comunicación en su cobertura de los hechos.

Acertadamente se señala que la matanza de Acteal fue el resultado de una política de contrainsurgencia definida y puesta en acción bajo la administración de Ernesto Zedillo, y, después de los hechos, por la labor de encubrimiento que la PGR, dependiente del Presidente de la República, utilizó para proteger a los responsables. La reconstrucción de los hechos establece que Zedillo y su secretario particular fueron encubiertos por Jorge Madrazo Cuellar, entonces procurador general de la República, quien no solicitó sus declaraciones ni los investigó, a pesar de que ellos dos supieron con anterioridad sobre la inminente matanza. A juicio de esa Fiscalía, la responsabilidad judicial del titular de la PGR es manifiesta. Queda por determinar la responsabilidad de Emilio Chuayffet Chemor, entonces secretario de Gobernación, pues si bien en su declaración ministerial esgrime argumentos exculpatorios, podrían subsistir elementos de responsabilidad derivados del conocimiento que tuvo de la comisión de los delitos mencionados.

En el ámbito estatal, de acuerdo a la indagatoria, son contundentes las pruebas que acreditan la responsabilidad del gobernador de Chiapas en esos momentos, Julio Cesar Ruiz Ferro, ya que varios testigos claves coinciden en señalar sus actos y omisiones conducentes a establecer su participación por omisión impropia. En el documento se registra la escalofriante respuesta de Ruiz Ferro a la solicitud de intervención del gobierno del estado por parte del Presidente Municipal de Chenalhó, a tres días de la matanza: «No te preocupes, deja que se maten; yo voy a mandar la seguridad pública para que levanten los muertos».

En el *Balance* se destaca: «Esta Fiscalía estima que solo habrá justicia para los 45 indígenas victimados y reparación del daño causado a sus familias cuando se consigne penalmente a los responsables de esas muertes. Las evidencias contenidas en el expediente […] confirman que las autoridades Federales y Estatales antes mencionadas son responsables del homicidio en agravio de la población indígena de Acteal». Incluso, la Fiscalía sostiene que podría tratarse de un caso de *genocidio*, si se verifica la hipótesis de la contrainsurgencia tolerada o inducida. Adicionalmente, las condiciones precarias que los indígenas enfrentan como refugiados (sobre todo en materia de salud), sus constantes desplazamientos con ruptura de lazos comunitarios, pueden constituir otras pruebas en el mismo sentido.

Durante todos estos años, se busca por todos los medios que el ejemplo de los municipios autónomos y las Juntas de Buen Gobierno zapatistas no se extienda por todo el país. Luego de la traición a los Acuerdos de San Andrés, que significó la aprobación de la contrarreforma indígena, el Estado mexicano hace uso de una multiplicidad de recursos para borrar del mapa político nacional a estos municipios: en primer término, la utilización de la fuerza militar y paramilitar, a la vez que despliega las viejas artes del Estado patrimonialista para cooptar mediante financiamientos a quienes hace poco eran adversarios del sistema de partido de Estado, luego pasaron a compartir el proyecto panista y hoy se «acoplan» al regreso del PRI a la Presidencia de la República. Esta son las realidades de los gobiernos del cambio.

En Oaxaca y Guerrero, el gobierno federal y las fuerzas armadas mantienen también una estrategia de contrainsurgencia cuyo objetivo principal es la neutralización o el exterminio del Ejército Popular Revolucionario (EPR) y del Ejército Revolucionario Popular Insurgente (ERPI). Esta estrategia casi consigue el aniquilamiento de estas organizaciones armadas y de sus redes de apoyo indio y campesino. Ambos movimientos carecen de la capacidad de levantar redes de apoyo solidario con fuerza semejante a la que logró el EZLN.

Pueblos indígenas y narcotráfico

La territorialidad, los recursos naturales y la integridad física y cultural de los pueblos indígenas en América Latina y en México en particular, son sitiados y amenazados sistemática y permanentemente por las corporaciones del capitalismo neoliberal, dentro de las cuales incluyo al narcotráfico. Ante el desempleo generalizado en el mundo rural, la debacle del campo provocado —en parte— por los tratados de libre comercio que benefician a Estados Unidos y condenan a la miseria y al éxodo a los campesinos, muchas comunidades son penetradas por el crimen organizado para forzarlas o inducirlas al cultivo de la amapola o la mariguana en sus tierras, y jóvenes indígenas son reclutados para el transporte de la mercancía por las redes de los cárteles.

Paralelamente, con el pretexto del «combate contra el narcotráfico», extensas zonas indígenas son víctimas de los operativos del Ejército en un proceso creciente de militarización, teniendo lugar todo tipo de abusos y violentando sus derechos humanos y los que corresponden como pueblos originarios. A esto se suman las labores contrainsurgentes de las fuerzas armadas en territorios indígenas que acarrean actividades lesivas para los pueblos de dos actores armados más: grupos paramilitares y guerrilleros.

Colombia es un caso ilustrativo de esta situación en la que los indígenas se encuentran entre tres fuegos: militares, narco-paramilitares y guerrilleros. La etnia Nasa, en el norte del departamento del Cauca, por ejemplo, se ha visto forzada a poner en práctica una ordenanza para que su guardia indígena, armada solo con sus bastones adornados con colores vivos para ser vistos a larga distancia, expulse a los narcotraficantes de su territorio, dentro del cual operan las Fuerzas Amadas Revolucionarias de Colombia (FARC), organización con la cual también han negociado los Nasa el cese del reclutamiento indiscriminado de sus jóvenes. En otros territorios colombianos se han dado desplazamientos de miles de indígenas huyendo del enfrentamiento entre ejército y los narco paramilitares con guerrillas de las FARC y del Ejército de Liberación Nacional (ELN).

En el caso de México han sido denunciados grupos del narco operando en zonas indígenas con mayor frecuencia en Michoacán, Jalisco, Sonora, Guerrero, Durango, Chihuahua, Oaxaca, Chiapas, Veracruz, y en las cárceles de estos estados se registran centenares de presos indígenas acusados por delitos contra la salud. Incluso, se ha externado especial preocupación por índices de drogadicción creciente entre los propios pueblos, como en el caso de los Raramuris en Chihuahua. Se calcula que alrededor de 50 mil indígenas han sido víctimas de las redes del narco en al menos 60 comunidades del país. Así, se criminaliza a los pueblos indios y en muchas regiones de nuestros países la lucha contra el narcotráfico encubre una gran variedad de extorsiones e injusticias adicionales a las que secularmente han sufrido los indígenas por parte de autoridades militares, policiales y judiciales.

En Centroamérica tenemos que en poblados mayas del oriente y occidente de Guatemala, mafias mexicanas han instalado a sangre y fuego sus estructuras delictivas y controlan el transporte hacía México y Estados Unidos. En Puerto Lempira, Honduras, hay hostigamiento del narco hacia los indígenas misquitos. En Nicaragua, Daniel Ortega declaró que las redes del narcotráfico han penetrado las comunidades misquitas de la Costa Caribe, así como las urbes multiétnicas de Bilwi y Bluefields, datos que pudimos corroborar en el terreno con testimonios de costeños. En el área fronteriza entre Panamá y Colombia, conocida como Tapón de Darién, el narco despliega una red terrestre y marítima que se extiende por Costa Rica, Nicaragua, Honduras, Guatemala para sus destinos finales en México-Estados Unidos.

También la ONU expresó su preocupación por la situación de los pueblos indígenas transfronterizos víctimas de la militarización y el tráfico de drogas en las regiones limítrofes entre Bolivia, Ecuador y Perú. En este último país, se denunció que colonos procedentes de la región andina de Ayacucho invaden territorio indígena en la selva central para cultivar coca. En Bolivia, el Chamán que entregó el bastón de mando a Evo Morales en el 2006, se encuentra en prisión acusado por narcotráfico.

Como las corporaciones capitalistas madereras, mineras, turísticas, buscan apoderarse de los recursos acuíferos de los pueblos indígenas, lo que está en el centro del problema del narcotráfico es el esfuerzo por despojarlos de su territorialidad, que constituye el fundamento material de la reproducción de los pueblos y el espacio estratégico de sus luchas. La finalidad del crimen organizado es expropiar a los indígenas de sus tierras-recursos-fuerza de trabajo y, a través de la criminalización que esto conlleva, facilitar las actividades del Ejército en sus tareas represivas y contrainsurgentes, con el auxilio de los grupos paramilitares que con frecuencia operan como el brazo clandestino de las fuerzas armadas para las tareas de la guerra sucia. Desde luego que ello representa una problemática sumamente compleja, que en los hechos significa un conflicto permanente por la tierra-mercancía (y también por los recursos naturales, estratégicos y patrimonios culturales tangibles e intangibles de los pueblos indígenas, todos ellos considerados mercancías).

La militarización con fines de lucha contra el narcotráfico no trae de ninguna manera una disminución de sus actividades delictivas, como lo prueba el caso de extensas zonas de la República Mexicana bajo virtual ocupación militar. En el plano mundial el caso de Afganistán es ilustrativo ya que con la ocupación neocolonial de las fuerzas armadas de los Estados Unidos y sus aliados se intensifica a más del doble la siembra y el trasiego de drogas.

> En la trastienda de las drogas existen servicios de espionaje estadounidenses, empresas importantes e intereses financieros y,

desde este punto de vista, el control geopolítico y militar de la ruta de las drogas es tan estratégico como el de los oleoductos. El grueso de los beneficios asociados al comercio mundial de las drogas no se los apropian los grupos terroristas y los señores de la guerra [...] Resulta una amarga ironía que la presencia militar estadounidense ha servido para restablecer, en lugar de erradicar, el tráfico de drogas [...] En otras palabras, las agencias de inteligencia, las grandes empresas, los traficantes de drogas y el crimen organizado compiten por el control estratégico de las rutas de la heroína. Una gran parte de los multimillonarios beneficios de las drogas están depositados en el sistema bancario occidental. La mayoría de los grandes bancos internacionales y sus filiales en los paraísos fiscales extranjeros blanquean enormes cantidades de narco dólares.[48]

Desde hace varias décadas y en reiteradas ocasiones han sido denunciados los operativos de la Agencia Central de Inteligencia y otros organismos de inteligencia occidentales en el trasiego de drogas con la finalidad de financiar sus gastos militares en Centroamérica, Vietnam y ahora en Afganistán. Recordamos la forma como la CIA cubrió sus gastos ocasionados por la contrarrevolución nicaragüense a través del trasiego de droga en sus aviones sin supervisión alguna.

El periodista Michael Gallant Smith sostiene acertadamente que:

El régimen de Estados Unidos aprovecha al narcotráfico para afianzar su dominio en el continente americano, en especial en América Latina. El aparato de propaganda del régimen estadounidense ha difundido en el orbe la imagen de que Estados Unidos es la víctima mundial del tráfico de narcóticos mientras las autoridades de ese país fingen combatirlo. ¿Cómo es que la nación más poderosa del mundo en el plano económico y militar es impotente para derrotar al narcotráfico? La respuesta es clara. El narcotráfico es aliado perfecto de Estados Unidos. El narcotráfico dota al régimen de Estados Unidos de un flexible mecanismo de control interno, da pretextos para presionar a otras naciones, en especial latinoamericanas, y fortalece la economía estadunidense al exportar inflación mediante el lavado de dinero. Decomisos ocasionales de narcóticos, arrestos espectaculares de jefes del narcotráfico, tiroteos con muertos, imágenes conmovedoras de jóvenes adictos y robos violentos relacionados con las drogas son solo parte del espectáculo con actores reales montado por la propaganda del régimen de Washington.[49]

La delincuencia organizada actual no es más que la cara clandestina del sistema capitalista neoliberal, con su violencia inherente desbocada, sicópata y sin mediación política que la encubra; esta rama empresarial es altamente rentable desde el punto de vista económico, tanto financieramente, como a partir del hecho que Estados Unidos es el principal proveedor de armas de los grupos del narco. El 29 de febrero de 2004, *The Independent* daba a conocer que «el tráfico de drogas es la tercera mercancía mundial en generación de efectivo tras el petróleo y el tráfico de armas».

También, la llamada guerra contra el narcotráfico es especialmente funcional —una vez desaparecida la guerra fría— para justificar las tareas represivas del Estado capitalista transnacionalizado y para los planes de dominación estratégica de los centros imperialistas hegemonizados por los Estados Unidos. Los Estados transnacionalizados se caracterizan por el vaciado de sus tareas sociales y de sus responsabilidades frente a las grandes mayorías de nuestros países y el fortalecimiento de sus afanes de control autoritario de la fuerza de trabajo, la criminalización de las resistencias y de todo tipo de disidencia, incluso las de carácter meramente democrático.

La única posibilidad de defensa frente a este fenómeno en el mundo indígena, como se muestran los casos de las Juntas de Buen Gobierno zapatistas, los Nasa de Colombia y la Policía Comunitaria de Guerrero es el fortalecimiento de las autonomías, a partir de las cuales se ha logrado controlar —no sin dificultades— la presencia del crimen organizado en los territorios indígenas.

La minería y la defensa integral del patrimonio

Si partimos de un concepto amplio de patrimonio cultural, esto es: natural, tangible e intangible, lenguas, conocimientos o saberes, diversas prácticas e instituciones culturales de pueblos, etnias, entidades locales, regionales y nacionales; monumentos y vestigios arqueológicos, históricos coloniales y poscoloniales, así como los artísticos muebles e inmuebles; todos ellos considerados bienes de dominio público y uso común que constituyen la memoria y conforman la identidad de naciones, pueblos y componentes regionales y locales, es posible adelantar la hipótesis de que el estudio, la preservación y la defensa de ese patrimonio de todos los mexicanos debieran ser realizados, igualmente, desde esa perspectiva integral.

Hago esta reflexión dado que como trabajadores de la cultura en el Instituto Nacional de Antropología e Historia (INAH), los investigadores nos encontramos ante una paradoja: la Ley Federal sobre Monumentos y Zonas Arqueológicos, Artísticos e Históricos y su reglamento otorgan a esta institución la responsabilidad de liberar o no un sitio que podría ser afectado, por ejemplo, debido a la apertura de una mina a cielo abierto. Un caso concreto es el cerro del Jumil, municipio de Temixco, en las cercanías de la poligonal de la zona arqueológica de Xochicalco, Morelos. El cerro está en peligro de ser convertido en uno más de los socavones lunares que la maldición minera provoca para extraer el oro o la plata para las corporaciones, a cambio de dádivas, espejitos y cuentas de vidrio de la recolonización, empleos precarios y mal pagados, robo de agua en grandes cantidades y envenenamiento de todo el entorno natural y acuífero.

Para otorgar la liberación o no del sitio, los arqueólogos tienen la obligación de presentar un informe-dictamen fundado en investigaciones exploratorias, que las autoridades del INAH debieran, en principio, tomar en cuenta. Pero sucede que muchas veces una opinión negativa es recusada por la empresa y entonces se solicita otro dictamen más comprensivo, hasta que el sitio queda eventualmente libre de todo impedimento para que, siguiendo con el ejemplo del cerro del Jumil, la mina inicie la explotación.

Paralelamente, las corporaciones mineras inician un trabajo de aproximación, o en el lenguaje coloquial, de *maiceado* de las autoridades comunales o ejidales, según sea el caso, para ser convencidas de la utilidad que traería la mina; se otorgan fondos para reparar la iglesia, se ayuda a la escuela del lugar con pequeños donativos, se ofrecen trabajos de peones para la exploración pero, sobre todo, se aseguran que el comisariado en cuestión esté plenamente convencido. Los abogados de las mineras inician este mismo proceso en todo el entramado de los gobiernos locales, estatales y federales, invitando a funcionarios a comidas en las que seguramente no se habla sobre el tiempo o el equipo de fútbol favorito.

Sin embargo, los investigadores del INAH que estudiamos los patrimonios de los pueblos contemporáneos no somos requeridos para liberar ningún sitio porque se privilegia el patrimonio muerto, el de los vestigios de las grandes civilizaciones mesoamericanas, sin que la ley referida contemple el de sus descendientes vivos. Volvamos al ejemplo del cerro del Jumil. Aquí sabemos que existe un dictamen fechado en 2008 desfavorable a la mina La Esperanza (*sic*), en el que se sostiene que este cerro es importante arqueológicamente, dotado de varias plataformas, una muralla de piedra caliza y un juego de pelota. También se afirma que el cerro, las rocas naturales y las construcciones en la cima fueron referencia geográfica para el trazado de plazas y edificios de Xochicalco, declarado Patrimonio de la Humanidad en 1999 y del que dista poco más de tres kilómetros en línea recta. Se ha mencionado por los especialistas que las explosiones de la mina podrían perjudicar las grandes cavernas que existen al norte de Xochicalco, incluyendo la cueva del Observatorio.

En un acto académico del INAH se dio a conocer también que en 2011 se estableció una poligonal de 15 hectáreas en la cima para resguardar los vestigios arquitectónicos, a fin de manifestar esta área como reserva arqueológica para su posterior estudio. No obstante, ¿cuál fue el dictamen final del INAH, concretamente, de la Coordinación de Arqueología? No lo sabemos, aunque ya estamos requiriendo la información en nuestra calidad de investigadores de la institución y ciudadanos.

Ahora bien, ¿qué sucede con el entorno cultural actual del cerro del Jumil? La explotación minera, que se encuentra en la etapa de exploración avanzada y comprende 437 hectáreas, afectaría en primer lugar al pueblo de origen nahua Tetlama, cuyas tierras de propiedad comunal cubren la superficie concedida a la minera. Los pozos de agua que planean abrir para los trabajos que la corporación requiere afectarían directamente la vida de esta población, así como las circundantes e, incluso, a la propia ciudad de Cuernavaca, en su región sur, que se encuentra a tan solo 12 kilómetros en línea recta. ¿Adónde irían a parar los residuos contaminados y las sustancias tóxicas que se utilizan en este tipo de minería? Además, se tendría contaminación por aire en las ciudades cercanas de Temixco y Cuernavaca, por los vientos dominantes que van en esta zona de sureste a suroeste.

No todos los habitantes de Tetlama están de acuerdo con la apertura de la mina y algunos ciudadanos de esta comunidad indígena están conscientes de los daños que esta traería, y han manifestado su decisión de no aceptar el despojo de sus tierras y territorios; asimismo, en Alpuyeca y otros poblados del entorno existen núcleos de oposición a la minera. En suma, como etnólogo del INAH, mi dictamen sería negativo a La Esperanza (*sic*) en el cerro del Jumil y opuesto, en consecuencia, a su liberación.

El capital minero depredador
y las simulaciones de la SEMARNAT

La amenaza del proyecto de explotación minera a cielo abierto en el cerro del Jumil, municipio de Temixco, Morelos, es solo la *punta del iceberg* de otras seis concesiones adyacentes que los gobiernos panistas otorgaron a la *Esperanza Resources Corporation,* entre marzo del 2002 y agosto del 2009, renunciando a consideraciones nacionales de carácter estratégico. En su conjunto, estas concesiones comprenden una superficie de nada menos que 15 025 hectáreas, en las que se han encontrado yacimientos de oro y plata, principalmente. Todo indica que este proyecto, de iniciarse la etapa de explotación como está planeada, a partir de 2014, constituiría un grave daño a la salud, al medio ambiente (flora, fauna, recursos hídricos y demás), al patrimonio cultural y, en suma, a la vida toda de la región al sur de Cuernavaca, capital del estado. Esto significa que no son solo los ciudadanos de Tetlama y el área circundante, quienes deberían estar movilizados en contra del capital minero depredador, sino también quienes habitan las densamente pobladas zonas aledañas.

En el *NI 43-101 Technical Report,* elaborado por expertos de Golder Associates Inc., de fecha de enero de 2012, se presenta una *Evaluación Económica Preliminar del Proyecto Cerro del Jumil,* sustentado en investigaciones en el terreno, 9 469 metros de perforación, el análisis metalúrgico de aproximadamente 18 toneladas de material de superficie coleccionado de localizaciones múltiples, así como el estimado de costos de instalación y operación. Permeados de la mentalidad imperial y el reduccionismo economicista propios de estos empleados de las trasnacionales, los autores hacen sus análisis prescindiendo de todo contexto social, político o cultural en los que el proyecto está inserto; para ellos, el espacio territorial es una «propiedad minera» (*mining property*), de la que es necesario dilucidar el eventual monto de la inversión, confrontándolo con los beneficios probables. Así, se reporta obtener un estimado de más de un millón de onzas de oro y otros tantos de plata, con una inversión de no más de 332 millones de dólares por los seis años que calculan duraría la operación minera. Negocio redondo.

Naturalmente, estos proyectos económicos de corte neocolonial no podrían llevarse a cabo sin la obsecuente ayuda de los colaboracionistas mexicanos, quienes en su papel de encargados del ejecutivo federal en turno, legisladores de-qué-importa-partido, funcionarios de los tres niveles de gobierno, consultores, expertos, abogados, comisariados venales de bienes comunales y ejidales, facilitan al máximo y en condiciones vergonzosas, la entrega de concesiones por 50 años prorrogables —ya del 26% del territorio nacional— dan las autorizaciones para la exploración, hacen los cambios de uso de suelo, elaboran dictámenes siempre favorables-a-las-corporaciones, tuercen las leyes y hacen una simulación de los procesos de «información» y «consulta» que *todavía* exigen la Constitución y el marco jurídico.

En esta clasificación de colaboracionismo entra, con todos los agravantes, la Secretaría de Medio Ambiente y Recursos Naturales (SEMARNAT), que en el sigilo debido, para no provocar la presencia de la prole (¡siempre proclive al desorden!), organizó una consulta pública (*sic*) del proyecto «Mina Esperanza, Tetlama, Morelos», a partir del 11 de enero de 2013, y convocó «a las instituciones académicas, investigadores, agrupaciones sociales y productivas, organizaciones no gubernamentales, a la sociedad en general (*sic*), a participar en la REUNIÓN PÚBLICA DE INFORMACIÓN», acerca del proyecto promovido por la Esperanza Silver de México, S.A. de C.V., y que se llevó a cabo el 21 de febrero de 2013, en las instalaciones de la ex hacienda de Temixco, Morelos.

Es inaudito que SEMARNAT lleve a cabo una consulta pública-clandestina para legitimar a una corporación minera, depredadora de todo entorno vivo, a la que le regalan miles de hectáreas del territorio del segundo estado más agredido ambientalmente en toda la república, después de Tabasco; que se llevará todo el oro y la plata al extranjero, dejando a su paso desolación y muerte, como lo hicieron los conquistadores ibéricos durante la colonia.

Los tiempos diferenciados y discriminatorios de participación, los procedimientos para presentar «ponencias» con previa entrega de los textos, para control y censura de su contenido, las desmesuradas reconvenciones al orden para el «ejercicio de participación ciudadana» que se encontraban en la Convocatoria de la SEMARNAT, han sido funcionales para los fines y beneficios de la corporación minera, y para el cumplimiento espurio de leyes y reglamentos. Mientras los funcionarios de la minera contaron hora y media para presentar su proyecto, «un representante que designe la Comunidad Indígena de Tetlama», contó con 15 minutos, retaceados por un moderador parcializado. Pero eso sí, la participación se concedió, «en cumplimiento al Convenio 169 de la Organización Internacional del Trabajo sobre Pueblos Indígenas y Tribales en Países Independientes (OIT),» el cual ciertamente mandata el derecho a la consulta, pero esta deberá ser hecha a los pueblos a través de sus órganos colectivos de decisión y deberá ser previa, libre e informada. En Tetlama no ha habido ninguna asamblea del conjunto de los ciudadanos, para decidir colectivamente sobre la presencia de la empresa minera, la cual ya está entregando dinero a comuneros y empleando a 60 de ellos en trabajos de exploración. ¿Por qué se silenció tal evento en las comunidades circunvecinas adversas a la iniciativa? ¿Cuándo se hicieron las consultas para aprobar que la exploración, explotación y beneficio de los minerales o sustancias a que se refiere la Ley Minera, sean de utilidad pública, y preferentes sobre cualquier otro uso o aprovechamiento del terreno?

El respeto a las tradiciones comunitarias y su responsabilidad de proteger el medio ambiente, han quedado fuera del horizonte *maiceado* de la SEMARNAT.

Las corporaciones de la muerte: mineras canadienses

Habitantes de la comunidad de San José del Progreso, Oaxaca, hicieron llegar su denuncia en contra la empresa canadiense Fortuna Silver Inc., que a través de su filial Minera Cuzcatlán ha venido operando en la región desde 2008 en la extracción de plata, provocando graves problemas sociales y ambientales, cuya última secuela trágica ocasionó el asesinato el 18 de enero de 2011 de Bernardo Méndez Vásquez y graves heridas a Abigaíl Vásquez Sánchez. No hubo consulta alguna para la apertura de la mina, y su imposición fue obra de autoridades corruptas que aconsejaron la vía de la acción directa, como suele ocurrir en un país donde los gobiernos de los tres niveles son obsecuentes con las corporaciones extranjeras y violentamente autoritarios contra quienes se oponen a la enajenación de ya 26% del territorio nacional concesionado a los proyectos mineros, de los cuales 73% son de empresas canadienses.

Los agresores, armados presuntamente con fusiles R-15 —que fueron identificados por los pobladores y es posible observarlos en fotografías—, son nada menos que el actual presidente municipal, Alberto Mauro Sánchez, quien junto con el regidor, Gabriel Pérez Ruiz, y otros sujetos que se ostentan como policías municipales abrieron fuego ese día contra quienes han manifestado su firme oposición a la explotación minera en sus territorios, que lejos de traer beneficios ha ocasionado daños significativos y una ruptura de los lazos comunitarios.

El gobierno del estado de Oaxaca pretende minimizar los graves acontecimientos aduciendo que es un problema político, pero omitiendo información vital sobre la responsabilidad de la empresa minera en el origen y desarrollo del conflicto. Personeros de la minera intervinieron burdamente en el proceso electoral local para que candidatos afines a su proyecto de explotación quedaran en los principales cargos de la autoridad municipal. Quienes resultaron elegidos se han dedicado a proteger los intereses de la empresa y a actuar en contra del mandato de los ciudadanos, generando una pugna intracomunitaria y atacando las formas representativas y de democracia directa propias de la vida comunal.

Con el apoyo económico de la corporación minera y el aval incondicional de las autoridades municipales a su servicio, se integró una asociación civil llamada San José Defendiendo Nuestros Derechos, cuyos integrantes, con el apoyo armado de cuerpos policiacos de los tres niveles de gobierno, han llevado a cabo en estos años distintas acciones represivas contra los opositores a la empresa, hasta que perdió la vida Bernardo Méndez Vásquez.

En este contexto de impunidad, de violación flagrante de garantías y de daños ecológicos, los pobladores destacan lo aberrante que resultan los reportes sobre el beneficio económico de la empresa, que dio a conocer que los costos de producción de una onza de plata en la mina San José son de 7.40 dólares. Si el precio de compra actual de la onza es de 32.20 dólares, se tiene una ganancia de 24.80 dólares por cada onza del metal que se produce. Según estimaciones de la propia empresa, la mina estaría produciendo anualmente 5 millones de onzas de plata, lo cual se traduciría en 124 millones de dólares de ganancias por ese periodo. Antonio Elio Brailovsky, en su artículo *Contaminación y minería*, afirma:

> Cualquier estudiante de economía podría preguntarse cómo hacen las mineras para generar grandes ganancias, teniendo en cuenta el costo de remover y tratar miles de toneladas de roca para obtener una pequeña cantidad de los minerales buscados. La respuesta es que, a diferencia de otras actividades industriales, la gran minería no hace gestión integral de sus residuos peligrosos: simplemente los acumula. El secreto de la rentabilidad es ese: dejar los residuos peligrosos sin tratamiento [...] Estos residuos peligrosos pueden filtrar al subsuelo y desbordar en los ríos y arroyos.[50]

De estos ingresos económicos los pobladores de San José del Progreso no han recibido nada. Por el contrario, el agua, que significa la vida y la preservación de la sustentabilidad para las generaciones venideras, ahora se canaliza en grandes caudales para la minera, que representa muerte, fraccionalismo y destrucción. El líquido vital, utilizado con anterioridad para la siembra de alimentos, ahora sirve para paliar la sed de los lucros privados.

San José del Progreso es un caso emblemático de lo que ocurre, no solo en Oaxaca, sino también en Guerrero, Chihuahua, Baja California Sur, Sonora, Durango, Zacatecas, Nayarit, Jalisco, Michoacán, San Luis Potosí, Veracruz, Chiapas y otros estados más donde se está en espera de que más territorios sean entregados a los concesionarios por los gobernantes vende patrias.

Mientras tanto, los pobladores de San José del Progreso demandan el cierre definitivo de la Minera Cuzcatlán, filial de Fortuna Silver Inc., a la que se acusa de violaciones graves a los derechos humanos, y a la que se identifica como autor intelectual de las agresiones contra la oposición comunitaria a partir de 2008. Con toda razón, reclaman la desaparición de poderes del municipio y el castigo a los responsables materiales e intelectuales de los delitos cometidos contra sus pobladores. Asimismo, solicitan audiencia inmediata con el Gobernador del estado y la reparación del daño a los deudos de Bernardo Méndez Vásquez. Sin embargo, ¿puede alguien reparar el daño generado por un asesinato? Se exige también el cese a la represión contra los luchadores sociales en todo el país y la expulsión de todas las corporaciones mineras del territorio nacional, por atentar contra nuestra soberanía, la paz social y contra la integridad y la vida misma de los mexicanos. Demandas absolutamente elementales.

La magia *de Capulálpam de Méndez, Oaxaca*

De los 83 considerados pueblos mágicos por la Secretaría de Turismo (SECTUR) en toda la República Mexicana, Capulálpam de Méndez es la única cabecera municipal en el estado de Oaxaca que ostenta este reconocimiento desde 2008, limitado, por cierto, a localidades: «que tiene(n) atributos simbólicos, leyendas, historia, hechos trascendentes, cotidianidad, en fin MAGIA que emana en cada una de sus manifestaciones socio-culturales...».[51] Pero Capulálpam —un municipio indígena ubicado en la sierra Zapoteca del norte de Oaxaca— no solo cumple con creces los criterios del programa en cuanto a riqueza arquitectónica (en este caso, con una iglesia construida en los siglos XVII-XVIII, con retablos antiguos de los estilos neoclásico y salomónico), ordenamiento del comercio, entornos urbanos y naturales de gran impacto para el turismo, festividades, gastronomía, tradiciones y compromisos de la sociedad local, entre otros, que en su conjunto debieran producir una suerte de encantamiento en el visitante.

La *magia* de la comunidad de Capulálpam va más allá de los afanes neoliberales que ofrece SECTUR en sus programas. Radica en la indeclinable voluntad de sus habitantes y sus autoridades —elegidas según las formas colectivistas del comunalismo— en defender a lo largo de su accidentada historia, sus territorios ancestrales, sus recursos naturales, como el agua y el bosque, sus estructuras y mecanismos con base en la autonomía; se fundamenta en la experiencia histórica de comuneros y comuneras —y de todos los ciudadanos del municipio—, asociada a batallas políticas por el control de la propiedad comunal, en contra de empresas forestales privadas que por décadas arrasaron los bosques de los pueblos de la sierra, para alimentar a la insaciable fábrica de papel Fapatux, que durante 25 años, desde 1954, extrajo una considerable cantidad de pino selecto; se encuentra en el imaginario de las luchas centenarias en contra de la antigua compañía minera La Natividad, enquistada en territorio comunitario desde la colonia y asociada desde 2002 a la empresa canadiense Continuum Resources para realizar trabajos de exploración. Entre 2003 y 2007, el gobierno federal asignó más de 50 mil hectáreas de concesiones mineras a esta corporación, incluyendo territorio de Capulálpam y de varios municipios de las sierras Mixe y Zapoteca, por lo que la comunidad, como otras en Oaxaca, en el país y en el continente, se ha declarado en *alerta roja* de rebeldía y movilización —por las vías legales y por las políticas pacíficas—, para oponerse a una reactivación de la explotación minera, que ya en el pasado ocasionó graves daños ecológicos y divisiones entre comunidades, que perviven hoy en día y es posible observar en el terreno.

Esta determinación de exorcizar la maldición minera expresada en las asambleas generales y por medio de las autoridades comunales y municipales de Capulálpam es reconocida en el estado y en el país, por lo que del 17 al 20 de enero de 2013, nos reunimos en este pueblo mágico en el *Encuentro de Pueblos de Mesoamérica, Sí a la vida, no a la minería*, bajo el lema *Tejiendo la resistencia por la defensa de nuestros territorios*, con el propósito de conjuntar esfuerzos desde la sociedad civil para rechazar los proyectos de explotación minera, para demandar el cese de las concesiones de gobiernos obsecuentes que han entregado vastas porciones del territorio nacional a las corporaciones, para generar alternativas de defensa, organización y articulación desde los pueblos y con las fuerzas políticas y sociales que acompañan estos procesos.

La anunciada reactivación del Congreso Nacional Indígena, como parte de los esfuerzos del EZLN por enlazarse con los movimientos de los pueblos originarios, sería el espacio natural de las coincidencias en las luchas de resistencia contra un sistema de producción que privilegia la acumulación de riquezas de un número limitado de personas por encima de la vida de los pueblos y las comunidades. No obstante que las corporaciones mineras prometen empleos, servicios públicos, proyectos productivos y respeto al medio ambiente, es un hecho que históricamente estas empresas han dejado una estela de muerte, empobrecimiento, daños irreversibles al medio ambiente y afectación a la salud, polarización y división social en las comunidades.

Además de las autoridades comunales y municipales de Capulálpam de Méndez, convocaron a esta reunión: la Coordinadora de Pueblos Unidos del Valle de Ocotlán; el Colectivo Oaxaqueño en Defensa de los Territorios; Servicios del Pueblo Mixe AC; Unión de Organizaciones de la Sierra Juárez de Oaxaca SC; Centro de Derechos Indígenas Flor y Canto AC; Servicios para la Educación Alternativa Educa AC; Centro de Derechos Humanos Miguel Agustín Pro Juárez AC; Servicios Universitarios y Redes de Conocimiento de Oaxaca AC; la Red Mexicana de Afectados por la Minería; y el Movimiento Mesoamericano contra el Modelo Extractivo Minero, entre otras organizaciones.

Un recorrido memorable por el municipio de Capulálpam, por sus bosques vigilados y protegidos, con sus fuentes hídricas controladas por la comunidad y a su servicio; con sus proyectos turísticos en los que no intervienen empresas privadas y están igualmente bajo esquemas de desarrollo endógenos; así como la convivencia con dirigentes, que practican —a su manera y con sus naturales diferencias— el *mandar obedeciendo* de otras latitudes sureñas, me hace ser optimista sobre los destinos y las luchas de este pueblo y los de otras 31 comunidades de la Sierra Norte dispuestas a no dejar pasar a las mineras. La magia de la autonomía impregna los anhelos y sueños de sus habitantes, mientras el frío de la oscurana cala la vigilia de la resistencia.

La lucha de la Coordinadora Regional de Autoridades Comunitarias contra la «maldición minera»

La peor tragedia que pueda ocurrir para un pueblo indígena, mayor incluso que un desastre natural o la presencia de la delincuencia organizada, es que una corporación minera adquiera una concesión para explotar una mina en su territorio. Esta es precisamente la amenaza que se cierne sobre los pueblos indígenas del estado de Guerrero que forman parte de la Coordinadora Regional de Autoridades Comunitarias (CRAC).

No han sido suficientes los esfuerzos de la CRAC por mantener en La Montaña y regiones de la Costa Chica un eficiente, reeducativo y no corrupto sistema de administración de justicia, así como una de las incidencias de delito más bajas del país mediante una Policía Comunitaria que obedece el mandato de los pueblos, de donde son originarios sus integrantes, a la par que ha salvaguardado su autonomía frente a intentos por cooptar y/o criminalizar a la organización. Ahora tiene que enfrentar una difícil lucha que se inició en noviembre de 2011, cuando en sus oficinas de San Luis Acatlán, de la Costa Chica guerrerense, se presentaron tres personeros de la minera Hochschild, de capital británico, para «notificarles» que durante los días subsecuentes un helicóptero al servicio de la empresa estaría realizando vuelos exploratorios por toda la zona a no más de 35 metros de altura. Estos tres emisarios del apocalipsis se ampararon con la copia fotostática de un documento donde se afirma que esta corporación cuenta, desde el 21 de octubre 2010, con el permiso de las «autoridades mexicanas» para realizar esas operaciones, avalado por una obsecuente y desconocida Dirección General de Geografía y Medio Ambiente del Instituto Nacional de Estadística y Geografía (INEGI).

Carlos A. Rodríguez Wallenius, investigador de la Universidad Autónoma Metropolitana, sustenta que las prácticas y marcos de actuación de las empresas mineras «son fundamentales para entender el modelo de acumulación por desposesión, como un mecanismo de explotación del capital que se basa en la privatización de los bienes públicos y el despojo de recursos comunitarios».[52] Este investigador sostiene que la contrarreforma salinista al artículo 27 constitucional y la Ley Agraria en 1992, los cambios sustanciales a la Ley Minera en 1993, así como la puesta en marcha del Tratado de Libre Comercio de América del Norte en 1994, permitieron abrir discrecionalmente el sector minero a las empresas extranjeras, otorgar preferencia a sus exploraciones, explotaciones y beneficios (¡que de manera inaudita se consideran de «utilidad pública»!) sobre cualquier otro uso del suelo, incrementar la duración de las concesiones a 50 años y «prestar todo tipo de facilidades en tiempo y forma» para adueñarse de grandes cantidades de hectáreas, literalmente robadas a las comunidades indígenas y campesinas del país, ¡en una superficie que constituye, además, 26% del territorio nacional!

En el ámbito mundial, los datos empíricos demuestran que las compañías mineras −como las que buscan apoderarse de más tierras indígenas en Guerrero− dejan una secuela de millones de toneladas de tierra y rocas removidas en extensas áreas de operación, con la consecuente destrucción del hábitat y deterioro del entorno social: contaminan ríos, presas y drenajes con sustancias venenosas o sumamente tóxicas; acaparan el agua; explotan a sus trabajadores y los exponen a condiciones de riesgo extremo; apoyan a regímenes antidemocráticos o gobiernos colaboracionistas −como el de México−, contratan incluso matones y grupos paramilitares para enfrentar a sus opositores y organizan poderosos «grupos de presión» (llamados con el eufemismo anglicista de *lobbies*) que actúan en los parlamentos sobornando, comprando conciencias, hasta de congresistas de la izquierda institucionalizada, para que apoyen sus negocios en el país o proyectos que los benefician, como el del complejo hidroeléctrico de Belo Monte, en Brasil.

Todo ello, a cambio de los escasísimos ingresos que reciben los pobladores de los territorios explotados (1,3 a 2,9%, entre rentas y apoyos, cuando los reciben), que llegan a ser convencidos para otorgar los «permisos» con engaños, por la necesidad imperante y la corrupción de «líderes» o caciques que se prestan para servir de amanuenses nativos de las corporaciones, en su mayoría canadienses (77% del total en México). Este factor es importante: la CRAC debe lograr la unidad de todos los pueblos, pues las mineras son expertas en provocar divisiones comunitarias y agravar conflictos agrarios para vencer voluntades y abrir los territorios a su acción destructiva.

La única defensa frente a la amenaza minera es la organización, movilización y fortalecimiento de la autonomía de las comunidades indígenas-campesinas afectadas. No hay que esperar algún tipo de defensa o protección del gobierno mexicano en los diversos ámbitos de autoridad. Rompiendo récords en cuanto a «apertura» a la inversión extranjera, México es tal vez el país en el mundo en donde es más fácil obtener una concesión minera. Es más, si en 90 días el Instituto Nacional de Ecología no responde a la solicitud de concesión con su informe de impacto ambiental, se da por otorgada la licencia. En comparación, en los Estados Unidos y Canadá, los trámites de concesión tardan entre cinco y ocho años.

La sociedad civil debe apoyar a los pueblos de La Montaña-Costa Chica de Guerrero y a la CRAC en su lucha contra la pretensión minera de apropiarse de su territorio, base material de las resistencias que debe ser defendida, reflejo de las aspiraciones de futuro de quienes viven con la naturaleza, y no a costa de ella.

Capítulo 4

La democracia como proyecto, proceso y método

La democracia implica la representación social, pero también la ausencia de represión por parte del Estado, así como la vigencia plena de los derechos humanos, la real mediación de los organismos sociales, el pluralismo y el diálogo entre los «diferentes». En suma, la participación popular y ciudadana en todos los niveles de la estructura social.[1] La democracia comprendida de esta manera demanda y genera una nueva cultura política que se asume como práctica metodológica y organizativa que alcanza a la sociedad en su conjunto y, en ella, al Estado y el gobierno.

La democracia, como fenómeno político e histórico, comprende por lo menos tres dimensiones:[2]

a) El ideal democrático entendido como proyecto de sociedad, intencionalidad, fuente de disputas y tensión, que tiene como eje la construcción de opciones y propuestas alrededor de los valores de libertad, igualdad, diversidad, solidaridad y participación.

b) La institucionalidad democrática existente, que comprende las reglas e instituciones que norman la disputa democrática, fincada en la Constitución y las leyes que de ella emanan que, a su vez, dan cauce a la lucha política por ese ideal democrático.

c) El proceso de democratización en el que la disputa de un ideal democrático, en una determinada institucionalidad, genera una estructura de relaciones sociales con el Estado y sus instituciones. Es decir, la democracia realmente existente que combina contradictoriamente voluntades opuestas en una lucha que se caracteriza por avances y retrocesos, por ganancias y pérdidas, inestable y con permanentes cambios.

Es imposible entender los caminos de la democratización sin considerar la intensa movilización social de masas de los grandes conglomerados urbanos, obreros, campesinos e indígenas y sectores de clases medias. Son contradicciones y luchas que han involucrado y han sido protagonizadas por distintos grupos de excluidos, marginados y dominados, y que acabaron por tener un impacto sobre toda la sociedad.[3]

En el caso de nuestro país, la experiencia del Ejercito Zapatista de Liberación Nacional ha mostrado cómo un movimiento que cuenta con el consenso y la protección ciudadanas, articulado de alguna manera con el resto de actores sociales que pugnan por una transformación social, puede forzar al Estado a establecer nuevas competencias democráticas, abrir espacios para el desarrollo del movimiento popular, y hacer avanzar en el logro de las demandas ancestrales del pueblo de México.

En América Latina destaca también el Movimiento de los Sin Tierra en Brasil —entre muchos otros— que hace valer sus derechos a través de proyectar un problema y politizarlo con la fuerza social de una organización que recoge las demandas más sentidas de los excluidos.

Es forzoso reconocer, sin embargo, que la construcción de sociedades civiles y el desarrollo de estrategias de movilizaciones populares y democráticas se han revelado como procesos complejos, descontinuados, penetrados de tensiones y constantemente amenazados, no solo ni principalmente por las fuerzas articuladas alrededor del poder estatal.

Existen herencias culturales seculares, modos de ver y actuar, relaciones autoritarias de servilismo y favoritismo en el corazón mismo de nuestras sociedades, que no cambian fácilmente. El caldo cultural en el que intenta florecer la democracia contiene lógicas que constituyen una real y permanente amenaza de implosión pura y simple de nuestras sociedades, o de reproducción del clientelismo y el corporativismo.

La democracia supone la lucha por la hegemonía del poder y la interacción de diversos actores civiles y gubernamentales para avanzar en nuevas reglas, así como la ampliación de derechos —fundamentalmente relacionados con la toma de las decisiones—, pero sobre todo una nueva comprensión y práctica del ejercicio del poder que oriente y fortalezca la cultura política social y la acción de gobierno. En este sentido, el poder es ante todo un sistema de relaciones que está inmerso en todos los niveles de la estructura social: en la familia, la escuela, el ejido, las jerarquías y las élites.

Hoy se comprende que todo el poder, incluido el del Estado, ha de renacer por un proceso gradual de reformas propuestas desde el poder público o la sociedad civil, empujadas por fuerzas políticas, o bien por la presión de masas, pero siempre desde la base misma de la sociedad.

La democracia, entendida como proceso, debe considerar entonces la activación permanente de espacios de deliberación y construcción de consensos a partir del reconocimiento de la diversidad, mientras el papel del Estado y los gobiernos ha de ser el del diálogo y la negociación, la apertura de canales, mecanismos y formas concretas para dar cabida a las múltiples expresiones e intereses sociales en aras de conformar un nuevo tipo de relación en la elaboración de programas y aplicación de políticas públicas que atiendan las necesidades desde la perspectiva ciudadana y con la participación social.

Así, el papel de la sociedad civil, a través de sus organizaciones y movimientos, es la formulación de propuestas alternativas de desarrollo, y la organización y consolidación de formas de lucha democráticas e incluyentes que reconstruyan tanto el tejido social como el poder público en favor de los más desprotegidos.

En palabras de nuestros compañeros de IBASE, «La democracia debe ser vista como una propuesta de combate radical contra la exclusión y de la promoción de la inclusión de todos por la vía de los derechos y de la participación ciudadana, para que esta promueva cambios culturales, económicos y de poder, para romper el ciclo vicioso de la exclusión social y permitir la plena participación de todos».[4]

Hacia una autonomía incluyente

Se viene dando a lo largo de los últimos decenios, modalidades alternativas a la figura del Estado-nación capitalista centradas sobre todo en la idea de las autonomías de diferentes tipos y niveles. Es en este plano de procesos de negociación y desencuentro, entre el Estado-nación monolítico y los reclamos de autonomía, en el que se puede avanzar hacia un proceso autonómico de carácter incluyente, como modelo alternativo para los pueblos indígenas y de origen indígena.

Es preciso, en primer lugar, referirse brevemente al concepto de autonomía. Por autonomía, como figura alternativa, referimos a una de las formas en que algunos pueblos han propuesto articular sus derechos colectivos a las estructuras jurídico-políticas existentes en cada país. Contrario a la idea que los detractores de las autonomías se han encargado de difundir, de ninguna manera se trata de desligarse del Estado-nación. Quienes lo sostienen, no entienden en absoluto el concepto de autonomía. Por el contrario, se trata de construir un régimen autonómico que abra la posibilidad de autogobierno y, con ello, la aplicación del derecho a la libre determinación en función de mecanismos propios y autogestivos. Lo que los sujetos autonómicos proponen es pasar a una forma de Estado pluricultural, multiétnico, plurilingüístico; en otras palabras, construir una forma actualizada del Estado-nación en beneficio de los derechos colectivos de los pueblos y la defensa de las especificidades étnicas.

En este sentido, las autonomías suponen procesos de negociación y diálogo sobre la naturaleza y los alcances de las atribuciones y competencias autonómicas. Tal como lo muestran las diversas experiencias en América Latina, y en muchas partes del mundo, frente a los reclamos de autonomía, el Estado-nación debe ser capaz de involucrarse en un proceso de diálogo y negociación.

Sin embargo, la autonomía no es una mera distribución de competencias jurídicas o normativas, o solo un arreglo administrativo para una región en el interior de un Estado-nación determinado. En el sentido más profundo, no se trata de que el Estado «otorgue» ciertas prerrogativas y «permita» algunos cambios a efecto de dar paso a una figura meramente formal de autogobierno. Tampoco se debe utilizar la bandera de la autonomía como una forma de segregacionismo o para cobijar nuevos cacicazgos.

Las autonomías, reconocidas dentro del marco político-jurídico del Estado nacional, suponen, fundamentalmente, el establecimiento de un autogobierno que asuma las competencias y haga uso de los recursos públicos para el ejercicio de derechos reconocidos en la Constitución y en las leyes secundarias. Esto significa, y este es el principal elemento constitutivo de un proceso de autonomía, la conformación de un sujeto autonómico, o sujeto colectivo de transformación social, en lo fundamental con base territorial y con identidad socio-étnica, no solo con la capacidad de representar por consenso los intereses de la colectividad, sino también para constituirse en un interlocutor legítimo implicado en el proceso de negociación y diálogo. La ausencia de un sujeto autonómico, o de un proyecto de constitución del mismo, invalida o al menos retarda cualquier proceso de esta naturaleza.

Así, la autonomía no se pueda afianzar en una sociedad por decreto. Cualquier proyecto alternativo de transformación social, por más noble que sea, como una sábana, adoptará la forma del tejido social sobre el que se posa. Si el tejido social que lo fundamenta es vulnerable, en tanto no esté enraizado, construido y apropiado por los propios sujetos, el proyecto está condenado a fracasar.

Las experiencias de otros países y movimientos nacionales han mostrado que en la medida en que no existe sujeto colectivo con capacidad de organización, de generación de consensos a partir de las especificidades, la capacidad de propuesta, y formas de lucha efectivas y generadoras de consensos, las posibilidades de avanzar en la construcción de autonomías resulta poco probable. Aun si existe voluntad y apertura de espacios, canales y mecanismos por la parte gubernamental, es preciso que las comunidades alienten este proceso con capacidad de involucrarse de manera activa en él.

Sobre todo, es necesario hacer conciencia que frente a los reclamos sentidos del ejercicio a la libre determinación, al desarrollo de una economía regional sustentable, a la defensa de una identidad cultural y formas de autogobierno, los procesos autonómicos enfrentan la contraparte de actores, visiones y proyectos involucrados en una economía de mercado, en la lógica del poder y la cultura hegemónica, y en las formas autoritarias propias del Estado-nación capitalista.

Esta circunstancia alcanza también la cuestión territorial. En el caso de Nicaragua, por ejemplo, en donde el 38% del territorio nacional lo constituyen las regiones autónomas, el sujeto autonómico desarrolló representatividad territorial desde el punto de vista de la conformación espacial del Estado-nación.

El Ejército Zapatista de Liberación Nacional, por su lado, pone en práctica un mecanismo ideológico y político para reafirmar regionalmente las autonomías de hecho. En este sentido, el EZLN mantiene su hegemonía actualmente en al menos 39 municipios autónomos. En el caso de Chiapas, tenemos un modelo autonómico de carácter incluyente, fundado en la figura de los municipios autónomos de hecho y juntas regionales de buen gobierno, pero no reconocidos por el Estado.

Un proceso autonómico incluyente está vinculado a la capacidad de los propios pobladores para construir un sujeto autonómico realmente representativo del interés general, y no de grupos e individuos. Pero además, este proceso no debe estar al margen de los lineamientos jurídico-políticos del Estado-nación, que, a su vez, tendría que involucrarse, por voluntad o por fuerza, en un proceso de diálogo y negociación. El Estado mexicano debe apoyar a los pueblos originarios a partir de una relación basada en el respeto mutuo y en la voluntad política de favorecer todos los caminos que lleven a la conformación de ese sujeto autonómico.

Con base en los Acuerdos de San Andrés, el Convenio 169 de la OIT, y retomando el sentido que expresó el Subcomandante insurgente Marcos, en ocasión de la marcha zapatista al Distrito Federal de marzo de 2001: «Pretendemos que cada sector social tenga las posibilidades de levantarse como tal; no queremos limosnas, sino la oportunidad de construirnos, dentro de este país, como una realidad diferente».[5]

CAPÍTULO 5

Conclusiones a manera de tesis

Definición e historicidad del concepto.
Desde las investigaciones realizadas en América Latina[1]

Concebimos la autonomía básicamente como un proceso de resistencia mediante el cual, las etnias o pueblos soterrados, negados u olvidados, fortalecen o recuperan su identidad a través de la reivindicación de su cultura, derechos y estructuras político-administrativas. En forma genérica, la autonomía, esto es, *regirse uno mismo por sus leyes*, es definida como la capacidad de individuos, gobiernos, nacionalidades, pueblos y otras entidades y sujetos de asumir sus intereses y acciones mediante normativas y poderes propios, opuestos en consecuencia a toda dependencia o subordinación heterónoma. Como todo concepto, la *autonomía indígena contemporánea* debe ser comprendida en su contexto histórico: la lucha de los pueblos originarios por conservar y fortalecer su integridad territorial y cultural a través de autogobiernos que practican la democracia participativa y enfrentan —con una estrategia antisistémica— la rapacidad y violencia del sistema capitalista en su actual fase de transnacionalización neoliberal.

Si bien ante este fenómeno coercitivo llamado *globalización*, la figura política del Estado-nación resulta obsoleta y estorbosa, es difícil negar que más allá del mercado y el consumo existan pueblos que reclaman un origen y una identidad. Son sujetos que desean imprimirle un sentido comunitario a sus vidas en un momento en el que egoísmo, individualismo y competencia pretenden desplazar

solidaridades, dignidad y fraternidad. Las autonomías en América
Latina se proyectan hoy día como aquellos espacios político-territoriales donde los pueblos oprimidos pueden consolidar en el ámbito
local, regional y aun nacional, sus expresiones comunitarias de
democracia directa.

Democratización y transformación de la vida indígena

Destacamos el carácter dinámico y transformador de las autonomías, que para ser tales, *modifican a los mismos actores y en dimensiones
diversas:* las relaciones entre géneros, entre generaciones, promoviendo en este caso el protagonismo de mujeres y jóvenes; democratizando las sociedades indígenas, politizando e innovando sus
estructuras políticas y socio-culturales. Se remarca la importancia de
la participación de las mujeres en los diversos niveles y espacios de
la vida comunitaria y municipal, en particular, en las instancias
de decisión y ejercicio del autogobierno indígena, a efecto de lograr
una sociedad más justa y equitativa, desarrollando acciones concretas para combatir todo tipo de violencia contra las mujeres indígenas.

El estudio de las autonomías indígenas contemporáneas en
América Latina, particularmente en México, desde una perspectiva
integral y comparativa, muestra la naturaleza transformadora de
estos procesos no solo en su articulación, las más de las veces contradictoria con los Estados nacionales existentes, sino también en el
interior de los sujetos autonómicos. Así, no se trata solo de la existencia de autogobiernos tradicionales indígenas que se desarrollan
de diversas formas a lo largo de la colonia y la vida independiente,
y que perduran hasta nuestros días en numerosas comunidades de
la geografía latinoamericana. Tampoco se trata de competencias
y atribuciones establecidas desde arriba, administrativamente o
por modificaciones constitucionales, *pisos y techos* de modelos que
no corresponden a realidades concretas y que denotan los límites
de una ciencia social a la zaga de los procesos socio-étnicos. Las
prácticas autonómicas actuales van más allá.

Cuando los zapatistas —por ejemplo— trascienden el autogobierno y lo asumen a partir de los principios de *mandar obedeciendo*, la rotación de los cargos de autoridad, la revocación del mandato, la participación planeada y programada de mujeres y jóvenes, la reorganización equitativa y sustentable de la economía, la adopción de una identidad política anticapitalista y antisistémica y la búsqueda de alianzas nacionales e internacionales afines a esta, se lleva a cabo un cambio cualitativo de las autonomías: a la par que se transforman los propios pueblos indígenas en sus relaciones de género y grupos de edad, en sus procesos de identidad política, étnica y nacional, en su apropiación regional del territorio y la extensión del poder desde abajo.

Control del territorio y sus recursos

Ante la agresión permanente de las corporaciones en busca de territorios, recursos y saberes de los pueblos, la autonomía busca redefinir la relación con el entorno circundante. En la profundidad del territorio se busca la unión complementaria de productores y comercializadores para desarrollar una economía solidaria y la autosuficiencia alimentaria, así como la generación de proyectos económicos para beneficio general, optimizando todos los esfuerzos para el ejercicio real de la autonomía como tarea de todos y todas.

La defensa de los sujetos autonómicos de la acción del mercado y sus agentes estatales significa el control del territorio desde abajo (comunidades) y desde la sociedad civil nacional e internacional que acompaña en ocasiones a estos movimientos. Se reafirma la urgencia de recuperar o desarrollar la autonomía económica, productiva y alimentaria de los pueblos con el fortalecimiento del cultivo del maíz autóctono (y no del transgénico), uso de abonos orgánicos (y rechazo a los agroquímicos), cuidado del agua, uso y protección de las semillas propias; así como la recreación y fortalecimiento de los sistemas de ayuda mutua, los mercados y tianguis locales y regionales y el aprovechamiento de ecotecnias.

Ante la grave crisis alimentaria que amenaza a la humanidad y el cambio climático, la autonomía busca fortalecer la producción de alimentos y la introducción de programas y planes educativos en sus diversos ámbitos y niveles que estimulen el respeto a la agricultura propia y, en especial, del maíz. Los pueblos y las comunidades indígenas son propietarios y herederos de tierras, territorios y recursos naturales en los que viven y, en consecuencia, exigen respeto y reconocimiento de ese derecho por parte del Estado y las empresas nacionales y extranjeras que se empeñan en sus afanes de privatización y comercialización. Por ello, están demandando el cese de todo proyecto, acción y concesión que atenten contra la propiedad, uso, explotación, aprovechamiento e integridad de territorios, tierras, lugares sagrados y recursos naturales de los pueblos indios, así como de leyes, decretos y reglamentos que tiendan a despojar y facilitar el aprovechamiento por terceros ajenos a las comunidades indígenas de sus recursos naturales.[2]

Diálogo intercultural

Los procesos educativos y de socialización, asimismo, se generan a partir de y por *las comunidades, tomando en cuenta los saberes surgidos de los pueblos y otros actores* populares, y aquellos que enriquezcan a los sujetos autonómicos, en el entendido que el diálogo intercultural fortalece la autonomía. Esta situación es más notoria y necesaria cuando dos o más pueblos confluyen en un proceso autonómico (Chiapas, regiones de Guatemala y Nicaragua, por ejemplo) y la unidad del sujeto autonómico frente al Estado transnacionalizado se torna indispensable, ya que en las actuales circunstancias, este sujeto se opone directamente a los agentes estatales (funcionarios, policías, ejército, jueces, etcétera) al servicio del capital. En estos casos debe darse incluso una representatividad pluriétnica a los órganos de autoridad y recordando siempre —como lo hace el subcomandante insurgente Marcos— *que la autonomía es tan importante que no podemos dejarla en manos de los políticos profesionales.*[3]

Política de alianzas

Si la autonomía es parte de la cuestión nacional, el movimiento indígena que practica y promueve las autonomías, en su lucha por prevalecer, establece las alianzas necesarias, primero entre los propios pueblos indígenas, y a partir de ello, con los sectores oprimidos y explotados del país que se trate. Esto significa la construcción permanente del *sujeto autonómico* no solo desde abajo, sino también en sus alianzas con otros actores políticos y a partir del control sistemático de los representantes a través de la rendición de cuentas, revocación de mandato, según sea el caso, y rotación de cargos. Nunca se ha puesto en duda la matriz clasista impuesta por el capital ni el tipo de Estado en la que se encuentran inmersas las luchas por las autonomías y, en consecuencia, la necesidad de alianzas entre los movimientos indígenas con todos aquellos que plantean reformas democráticas, contra el capitalismo e incluso por la construcción de un nuevo tipo de socialismo.

No ha sido responsabilidad de los pueblos indígenas el poco interés mostrado por partidos y organizaciones de izquierda en el establecimiento de acuerdos para una lucha unificada en los terrenos políticos, electorales o de movilización social. Hay ejemplos, algunos trágicos, del uso instrumental de los indígenas en los procesos políticos institucionales y aun en los espacios de la guerra revolucionaria. Asimismo, los movimientos autonomistas indígenas no hacen un culto de la resistencia popular espontánea. Usualmente sus movimientos son precedidos de largas deliberaciones y como lo demuestra la insurrección zapatista de 1994, debieron transcurrir muchos años para el estallido de la rebelión y hasta ahora no se han dado pasos que resulten de la espontaneidad o el aventurerismo políticos. Este movimiento demuestra el valor que se otorga a la conciencia y a la organización de los oprimidos y explotados en la lucha contra un Estado que busca acotarlos e incluso destruirlos política y militarmente.

Desarrollo desigual de las autonomías

Es evidente que todos estos procesos no se llevan a cabo de manera simultánea en las etno-regiones y en todos los casos en que se ejerce el autogobierno indígena, destacando la profundidad de algunos de ellos que por razones específicas han podido desarrollar formas organizativas —incluso político militares— como el EZLN, que dan coherencia e integralidad a los prácticas autonómicas. Existen situaciones, por ejemplo, en las que la dependencia económica o política del pueblo indígena hacia los mecanismos del mercado o los aparatos estatales, merman el proceso autonómico, como el caso de los yaquis, el cual aparece distorsionado incluso frente a los propios actores, quienes refieren que su autonomía «es relativa». En otras situaciones, el caciquismo o el paramilitarismo, amenaza directamente a la autonomía con la represión generalizada y la criminalización de quienes destacan en el proceso, como el caso de Xochistlahuaca, Guerrero, o entre los Triqui de Oaxaca. Por ello, se insiste en el carácter intrínseco de cambio, adaptación, reacción e innovación de las autonomías acorde a los factores internacionales, nacionales, regionales y locales a los que los pueblos indígenas se enfrentan. De aquí el significado múltiple y polivalente del término, y en ocasiones, incluso, la negativa a utilizarlo en algunas experiencias, que como la policía comunitaria de Guerrero, busca *gobernarse y hacer justicia con sus propias normas*, que es, en esencia, el común denominador de todo proceso autonómico.

Indigenismo antitético de autonomía

La formación y el fortalecimiento del sujeto autonómico pasan también por la ruptura con las viejas formas de las políticas indigenistas que durante muchos años puso en práctica el Estado para mantener el control de los pueblos y las comunidades indígenas por medio del paternalismo y el clientelismo. El movimiento indígena independiente del Estado revela que indigenismo y autonomía son conceptos antitéticos.[4]

Autonomía y sistema de partidos de Estado

Hemos comprobado también que la injerencia de partidos políticos en la mayoría de los casos, deteriora e incluso, hace fracasar, el ejercicio autonómico. En el caso mexicano, el reservorio de votos que el partido oficial (en los tiempos del sistema de partido de Estado en México) imponía a través de los cacicazgos indígenas se ve seriamente afectado por un movimiento indígena que incluso rechaza frontalmente el actual sistema de partidos de Estado y pone en tela de juicio los deteriorados componentes de la democracia tutelada, y se impone, en su lugar, otra forma colectiva de hacer política. Desde el etnocentrismo de la sociedad nacional, solo es posible la democracia representativa y se niega toda experiencia relacionada con las democracias directas de las comunidades indígenas, las cuales desarrollan una cultura política de la resistencia, que es la base misma de los actuales procesos autonómicos.

Sujeto autonómico, red multiétnica versus conflictos comunitarios

La experiencia zapatista y la de otros procesos en América Latina muestran que el desarrollo de una red multiétnica consolidada de comunidades y regiones, e incluso de pueblos diversos, es otro de los cambios trascendentes en las actuales autonomías, en las que la pugna intracomunitaria por conflictos seculares, linderos o recursos se puede superar para responder unidos ante la intrusión violenta de los Estados y las corporaciones capitalistas. Todas las transformaciones internas, rupturas y redefiniciones en los ámbitos comunitarios, regionales y nacional son imposibles sin esa conformación y fortalecimiento de un sujeto autonómico con capacidades de afirmación hegemónica hacia adentro, de tal forma que contribuya a la cohesión interna a través de la construcción de consensos, la democracia participativa, la tolerancia y la superación de las divisiones religiosas, étnicas o políticas, la lucha contra la corrupción y contra los intentos de cooptación por parte del Estado y sus agentes. Este sujeto concita la movilización de pueblos y comunidades en defensa de sus derechos y demandas y tiene el apoyo para una representación legítima hacia fuera.

Autonomías pluriétnicas y plurinacionales y su contribución a la nación democrática

Las autonomías indígenas contemporáneas están lejos de los estereotipos de autarquía que sus adversarios predijeron como inherente a estos fenómenos. Por el contrario, como se observa en muchos países de América Latina, la irrupción de los pueblos indígenas en los acontecimientos políticos de sus respectivas naciones es una realidad innegable. Estos procesos autonómicos se proponen cambios sustanciales en la naturaleza misma de esas naciones como entidades plurinacionales, pluriétnicas, pluriculturales y plurilingüísticas, y a los indígenas los reafirma como sujetos políticos de derechos colectivos irrenunciables en su carácter de pueblos y nacionalidades. En esta dirección, una de las conclusiones fundamentales de la investigación Latautonomy fue la siguiente:

> Rechazando tanto la aculturación modernizante como el repliegue tradicionalista, denunciando su histórica exclusión y dominación, los pueblos y movimientos indígenas se afirman históricamente por primera vez con sus especificidades en los espacios públicos para reclamar el reconocimiento de sus aportes potenciales a la construcción de la sociedad futura y su contribución a «otro mundo posible». Las reivindicaciones de los pueblos indígenas, los valores que defienden —el bien común y la solidaridad, el respeto de la naturaleza y la noción de equilibrio, el rechazo de las lógicas de consumismo y la preeminencia de

los valores inmateriales, la búsqueda de la armonía y del consenso— van más allá de los intereses estrechamente comunitarios. Constituyen la afirmación de valores que permiten una
adhesión universal y trascienden los límites de la etnicidad.[5]

Hacia la integralidad de las autonomías y su dimensión regional

Desde la perspectiva integral de la autonomía que se formula en los
ámbitos políticos, jurídicos, económicos, sociales y culturales y que
fundamenta la instrumentación a escala comunitaria, municipal y
regional, se reafirma el valor y la importancia de las prácticas políticas que se materializan en las asambleas comunitarias, los sistemas
de cargo, el tequio y, en general, las obligaciones y contribuciones
comunitarias. Se hace énfasis en la importancia de la articulación e
interacción de las comunidades y los municipios indígenas para el
ejercicio de la autonomía en el ámbito regional, tal como está garan-
tizado en la aprobada *Declaración de las Naciones Unidas sobre los
Derechos de los Pueblos Indígenas*, y también, en los *Acuerdos de San
Andrés de 1996*.[6]

La autonomía se opone a la cultura política hegemónica

La autonomía se construye a partir de una lógica distinta a la cultura política hegemónica a la cual se opone por definición. Nada
tiene que ver con limpieza étnica, etnicismo o autarquía, mira autocríticamente hacia su propio entorno para erradica la reproducción
de prácticas políticas clientelares o corporativas. Procura construir
y re-significar en su sentido profundo una cultura democrática a
saber: la tolerancia, el diálogo, la elección racional. Estas están
siendo sus herramientas más preciadas para dirimir los conflictos
provenientes de sus diversos orígenes étnicos, de sus identidades
diversas y sus patrones morales y culturales diferentes.

Las autonomías hacia la construcción de una civilización contra sistémica

Es importante discutir y nutrir estas experiencias latinoamericanas de autonomía, con las existentes en otros países y continentes, en otras culturas, pues la lucha por las autonomías lleva como horizonte una civilización distinta a la que hoy predomina hasta en los lugares más recónditos del planeta. Me refiero a la civilización hegemónica del capital en la que la producción y reproducción de la vida humana está subordinada a la producción y reproducción de mercancías, en la que existen los recursos naturales, el conocimiento científico, las tecnologías para garantizar la alimentación a toda la humanidad, pero prevalece una racionalidad instrumental para la cual el hambre, la explotación y el desastre ecológico se justifican en aras del enriquecimiento constante de un quinto de la población que detenta el 86% de la riqueza mundial.

Autonomías, resistencia transformadora y proyectos imperiales

Pensar en la autonomía y su relación con los Estados-nación latinoamericanos implica una responsabilidad teórica y política con una resistencia revolucionaria y transformadora frente al proyecto hemisférico que Estados Unidos y sus aliados que pretenden seguir imponiendo sobre el continente en lo que se perfila como nueva expresión de la mundialización del capital. América Latina está siendo afectada por proyectos, convenios o programas regionales de origen estadounidense como ASPAN, el Plan Colombia, la Iniciativa Mérida, el Comando América y diversos tratados de libre comercio. Todos estos proyectos en sus distintas modalidades económicas, políticas y militares forman parte de la nueva configuración mundial que ha traído consigo la globalización trasnacional y un obstáculo de enormes dimensiones para el desarrollo de los pueblos indígenas y las ciudadanías.

Los pueblos indígenas ante la restructuración regional del capital y la soberanía de los Estados nación

El llamado nuevo orden mundial que surge, entre otros factores, a partir de la crisis del «socialismo real» y de modelos económicos de corte keynesiano en los países capitalistas, no solo redefinió las esferas de influencia e intervención entre los países del norte y del sur (antes llamados países desarrollados y en vías de desarrollo); sino entre los mismos países del norte. La Unión Europea y su antecedente, la Comunidad Económica Europea, así como el Tratado de Libre Comercio de América del Norte (NAFTA), surgieron como paradigmas de una nueva restructuración regional del capital. Ello ha modificado, sin duda, por lo menos en América Latina, la redefinición de la esencia de los Estado-nación involucrados. Conceptos fundamentales de los Estados-nación como soberanía e independencia han sido puestos en vilo por el actual modelo económico y los pueblos indígenas están contribuyendo a vislumbrar transformaciones y formas de defensa efectivas de las soberanías nacionales. Así, los alcances y el papel de las autonomías en los países latinoamericanos también se han visto afectados por esta reconfiguración mundial del capital y sus fronteras. De hecho, las coordenadas en que se debe dar la discusión actual de las autonomías pasan por analizar cómo el proyecto de dominación hemisférica de Estados Unidos —en su variante Obama-Clinton/Kerry— pretende obstaculizar e incluso aniquilar la existencia de las mismas en tanto posibles expresiones de resistencia cultural, política, económica y administrativa.

Reformas constitucionales y límites jurídicos para el desarrollo de las autonomías en México

Las reformas constitucionales en materia de derechos indígenas realizadas en México en abril de 2001, contienen impedimentos jurídicos: a todo derecho reconocido o concedido se le coloca una nota precautoria que acota, limita e imposibilita la aplicación plena de las leyes y el ejercicio efectivo de esos derechos al referirlos injustificadamente a otros artículos de la propia Constitución o a leyes secundarias. Estas reformas remiten a leyes locales el reconocimiento de los pueblos indígenas y las características de la autonomía, lo cual no es favorable dada la correlación de fuerzas en esos ámbitos y la existencia todavía de poderosos cacicazgos en las etnoregiones. Asimismo, instituyen programas asistenciales y clientelares como parte de la Constitución, lo que expresa una contradicción con la esencia de las autonomías ya que condena nuevamente al indígena a un papel pasivo de la acción decisiva del Estado; niegan a las comunidades el estatus de entidades de derecho público y, por el contrario, las definen como de «interés público» o entes tutelados de la política estatal; desconocen los alcances de las autonomías en los ámbitos municipales y regionales en que los pueblos indígenas los hagan valer, establecidos en los Acuerdos de San Andrés y, con ello, la posibilidad de su reconstitución. Además, esta reforma presenta incongruencias en temas sociales y políticos que incluso constituyen un retroceso frente a otras leyes indígenas existentes en algunos estados de la República, como Oaxaca, en donde se logran definir con claridad los conceptos de pueblo, comunidad, territorio, libre determinación, autonomía.

Específicamente, la reforma efectuada en 2001 violentó los Acuerdos de San Andrés y se convirtió en una virtual contrarreforma al establecer lo siguiente: a) sustituir las nociones de tierra y territorios por «lugares», lo que en los hechos desterritorializa a los pueblos indígenas, les sustrae de su base material de reproducción como tales, y constituye incluso un retroceso con respecto a lo establecido al respecto en el Convenio 169 de la Organización Internacional del Trabajo; b) cambiar el concepto de «pueblos» por «comunidades» y con ello trastocar el sujeto de la ley reconocido en los Acuerdos de San Andrés y en el propio Convenio 169 de la OIT y limitar las competencias locales y regionales de estas entidades jurídico políticas; c) introducir fuera del acuerdo entre las partes del conflicto las contrarreformas neoliberales al artículo 27 constitucional, a partir de las cuales se permite la venta de las tierras comunales y ejidales; d) limitar la posibilidad de que los pueblos indígenas adquieran sus propios medios de comunicación.

La nación mexicana es en su origen, desarrollo y composición multiétnica, plurilingüística y multicultural. Un nuevo Constituyente debe partir de esta realidad histórica refrendada por la voluntad de los pueblos indios y sus organizaciones de defender sus derechos colectivos con fundamento en el establecimiento de múltiples formas de autogobierno indígena que forman parte de sus autonomías, la administración de justicia derivada de sus sistemas normativos, la vigencia de sus formas de organización social, el reconocimiento de sus territorios y recursos como la base material reproductiva de sus culturas y el acceso pleno a todas las formas de representación popular y nacional.

Autonomías, proyecto nacional y derechos de los pueblos indígenas

Asimismo, en el caso de México, la lucha por las autonomías forma parte de un proyecto nacional que se ha venido gestando a lo largo de muchas décadas de exclusión, de miseria y discriminación contra los pueblos indígenas. Estas autonomías forman parte de un proyecto nacional, en el que los sujetos autonómicos han buscado integrarse, junto con otros sectores de la sociedad mexicana. Específicamente, el EZLN, se ha dirigido a estudiantes, campesinos, obreros, amas de casa, intelectuales, pequeños empresarios, asalariados, profesionistas de todas las razas, todas las religiones, todas las etnias para formar una nación distinta donde, como ellos dicen, «quepan todos los mundos». No reivindican la autonomía para dar continuidad a la marginación estructural de raíz colonial y funcional también en la globalización neoliberal.

La demanda de la autonomía y la libre determinación son vías para alcanzar una mayor democracia, equidad de género, para combatir la discriminación, integrarse a un mercado equitativo en el que puedan vender libremente sus productos y en el cual los pueblos indígenas sean considerados ciudadanos y se les reconozca como sujetos políticos capaces de participar en los procesos nacionales. Las autonomías, en consecuencia, expresan un replanteamiento alternativo a las formas nacionales impuestas desde arriba por los grupos oligárquicos que se fundamentaron en el integracionismo-asimilacionismo, o en el diferencialismo-segregacionismo que constituyeron políticas igualmente provocadoras de etnocidios y negación de derechos ciudadanos y colectivos de pueblos y comunidades indígenas. Así, las autonomías son procesos de democratización, articulación nacional y convivencia política —desde abajo— entre agrupamientos heterogéneos en su composición étnico-lingüístico-cultural.

Autonomías: algo más que autogobiernos

En América Latina, a partir de la imposición de las políticas de transnacionalización neoliberal y coincidiendo con un resurgimiento de las luchas de los pueblos indígenas por reafirmar sus seculares formas de autogobierno, las autonomías coadyuvan a la defensa, fortalecimiento, recuperación y resignificación de sus identidades étnicas, culturas, instituciones, saberes, sentido de pertenencia, patrimonios, tierras y territorios, todo ello basado en la profundización, restablecimiento, recuperación o readaptación de formas de propiedad comunal; predominio de las decisiones de asamblea; cargos y tareas de gobierno como servicio; trabajo colectivo gratuito, solidaridad, ayuda mutua y comunalidad como base de la relación social; festividad también como cohesión sociocultural; concepción del territorio como relación sustentable con la naturaleza y reproducción material y cosmogónica de los pueblos.

Por ello, se ha insistido en que la autonomía: a) constituye algo más que el autogobierno tradicional indígena; b) se expresa más allá de una descentralización de competencias, recursos y jurisdicción de los Estados; c) trasciende los marcos de los procesos nacionalitarios hegemonizados por las clases dominantes; d) no significa arreglos jurídico-administrativos que puedan ser establecido por decreto o a través de reconocimientos formales de orden constitucional; e) se pone en práctica —en la mayoría de los casos— por la vía de los hechos, o más allá de la institucionalidad establecida; f) representa un fenómeno holístico en el que las dimensiones de economía, cultura, ideología y política tienden a integrarse y determinarse mutua y recíprocamente en lo que se denomina la integralidad del sujeto autonómico.

Las autonomías no son una fórmula

Las formas de organización política de la democracia directa surgidas de los procesos autonómicos indígenas no pueden ser aplicadas como una fórmula que organice la sociedad nacional y el Estado en sus múltiples ámbitos y complejidades. Sin embargo, ha sido precisamente la ausencia de participación de la sociedad y de los trabajadores en particular en el ejercicio del poder y el control estatal lo que caracterizó y —en parte— dio al traste con la experiencia del socialismo real. Al destacar la participación de todo el pueblo en las Juntas de Buen Gobierno, por ejemplo, no se pretende que estas formas de autogobierno se generalicen o se idealicen, obviado sus limitaciones y obstáculos impuestos por la contrainsurgencia y el avance expropiatorio neoliberal. No obstante, su existencia en los espacios zapatistas es una realidad que debiera motivar su análisis para concebir formas de organización y participación ciudadanas y populares que sustituyan a las maquinarias burocráticas que ignoran los mandatos de las mayorías. En este sentido, ¿¡qué de perjudicial puede tener para la lucha por la construcción del socialismo defender la auto organización y resaltar los valores solidarios y comunitarios!? Particularmente, en el caso de los mayas zapatistas, no se hace una apología de su experiencia ni se pone como un «modelo a seguir» para la edificación de la sociedad presente y futura.

Las autonomías indígenas no ignoran al Estado ni al poder que ejerce a partir del monopolio de la violencia legalizada por un marco jurídico y «legitimada» por una hegemonía de clase. Bajo esta premisa, se considera a las autonomías como formas de resistencia y de conformación de un sujeto autonómico que se constituye en un interlocutor frente al Estado y frente al cual impone una negociación, pero paralelamente, si esta fracasa, se va construyendo la autonomía de facto. Por ello, las autonomías no se otorgan, se conquistan a través de cruentos levantamientos y extensas movilizaciones.

Los autogobiernos no son considerados «islotes libertarios dentro del universo capitalista». En «Leer un video», los zapatistas señalan claramente: «el nuestro no es un territorio liberado, ni una comuna utópica. Tampoco el laboratorio experimental de un despropósito o el paraíso de la izquierda huérfana». Los indígenas no difunden una imagen idílica de sus movimientos «suponiendo que estos agrupamientos avanzan saltando todos los obstáculos», crítica que no parece fundarse en la investigación empírica y en un conocimiento profundo de la autonomía indígena.

Procesos contradictorios y en constante ataque

Estos procesos no son lineales ni armoniosos y, por lo tanto, se expresan en sus contradicciones, desequilibrios, avances y retrocesos de muy diversas formas, extensiones y profundidades, provocando cambios en la naturaleza misma de las etnias. Se trata de una reconstitución de pueblos e implica necesariamente la construcción de un sujeto autonómico que modifica relaciones entre géneros, grupos de edad e instituciones colectivas, las cuales sufren asimismo los impactos de la migración, la explotación laboral, el narcotráfico, los racismos y el grave deterioro en las condiciones de vida de las clases trabajadoras de nuestros países.

Por su naturaleza antisistémica y por la presencia indígena en territorios codiciados por el capital y las características de su actual mundialización, estos procesos de autonomía se enfrentan indirecta o directamente al Estado, sus instituciones y fuerzas represivas, sus estrategias contrainsurgentes; a las estructuras políticas, ideológicas, militares y de inteligencia del imperialismo; a sus corporaciones económicas que buscan abrir los territorios, ocuparlos, apropiarse de sus recursos culturales, naturales y estratégicos; a denominaciones religiosas, partidos y mecanismos políticos encaminados a penetrar, mediatizar y destruir los autogobiernos y formas colectivas de decisión y organización. De ahí su precariedad y su constante batallar por sobrevivir y desarrollarse, por extender sus niveles de articulación intracomunitaria, municipal, regional y nacional, así como ampliar los ámbitos de resistencia, solidaridad y coordinación internacionales.

El significado de la autonomía en otros sectores de la sociedad

A partir de las experiencias autonómicas de los pueblos indios, Pablo González Casanova, en un importante texto titulado «Con los pobres de la tierra»,[7] ha reiterado la extensión del concepto de autonomía a otros sectores explotados y desposeídos de la sociedad como una forma de respuesta a la ocupación capitalista de nuestros países. De igual manera, el grupo Paz con Democracia en su «Llamamiento a la Nación» destacó:

> Es necesaria e impostergable la organización de comunidades autónomas en todo el país; comunidades cuyos miembros se auto-identifiquen y se auto-gobiernen democráticamente para la producción-intercambio-defensa de su alimentación, sus artículos

de primera necesidad, su educación y concientización, con niños, mujeres, ancianos y hombres para la defensa de la vida, del patrimonio público, de los pueblos y de la nación, para la preservación del medio ambiente y el fortalecimiento de los espacios laicos y de los espacios de diálogo, que unen en medio de diferencias ideológicas y de valores compartidos.[8]

En algunos países latinoamericanos, las autonomías se han convertido en una vía estratégica para que los sujetos étnicos hagan valer su identidad, reclamen sus diferencias y construyan modos de vida alternativos. La autonomía es una estrategia de resistencia y en este sentido es también una estrategia de lucha nacional y social. Si avanzamos en la discusión de su significado, de sus distintas naturalezas, de su utilidad política estaremos contribuyendo a generar las condiciones de la transformación crítica de la realidad. Los principios igualitarios, participativos, autogestionarios y colectivistas de las autonomías indígenas se transforman en uno de los pocos planteamientos estratégicos actuales para enfrentar con éxito al capitalismo, preservar la especie humana de su autodestrucción y democratizar nuestras sociedades.

ANEXOS

Anexo No. 1

Proceso de Autonomía

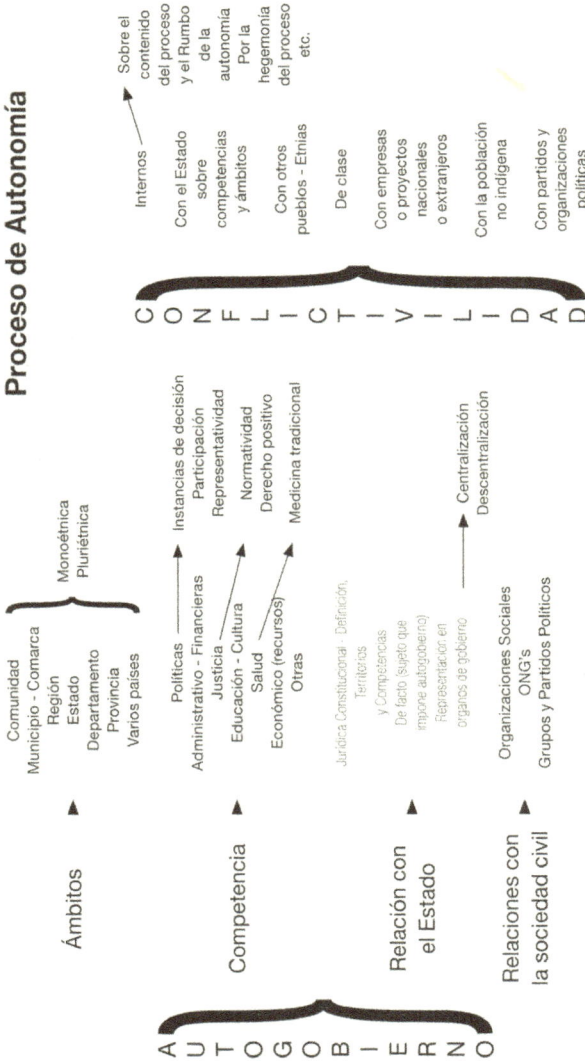

Ámbitos ▲
- Comunidad
- Municipio - Comarca
- Región
- Estado
- Departamento
- Provincia
- Varios países

Monoétnica
Pluriétnica

Competencia ▲
- Políticas
- Administrativo - Financieras
- Justicia
- Educación - Cultura
- Salud
- Económico (recursos)
- Otras

→ Instancias de decisión
- Participación
- Representatividad
- Normatividad
- Derecho positivo
- Medicina tradicional

Relación con el Estado ▲
- Jurídica Constitucional Definición, Territorios y Competencias
- De facto (sujeto que impone autogobierno)
- Representación en órganos de gobierno

→ Centralización
- Descentralización

Relaciones con la sociedad civil ▲
- Organizaciones Sociales
- ONG's
- Grupos y Partidos Políticos

A U T O G O B I E R N O

C O N F L I C T I V I D A D

- Internos → Sobre el contenido del proceso y el Rumbo de la autonomía Por la hegemonía del proceso etc.
- Con el Estado sobre competencias y ámbitos
- Con otros pueblos - Etnias
- De clase
- Con empresas o proyectos nacionales o extranjeros
- Con la población no indígena
- Con partidos y organizaciones políticas

BASES DE SUSTENTABILIDAD

Recursos Naturales, Ecosistema, Cultura e identidad, autoconciencia. Sobrevivencia, Desarrollo, Organizativas, Económicas, Productivas

Anexo No. 2

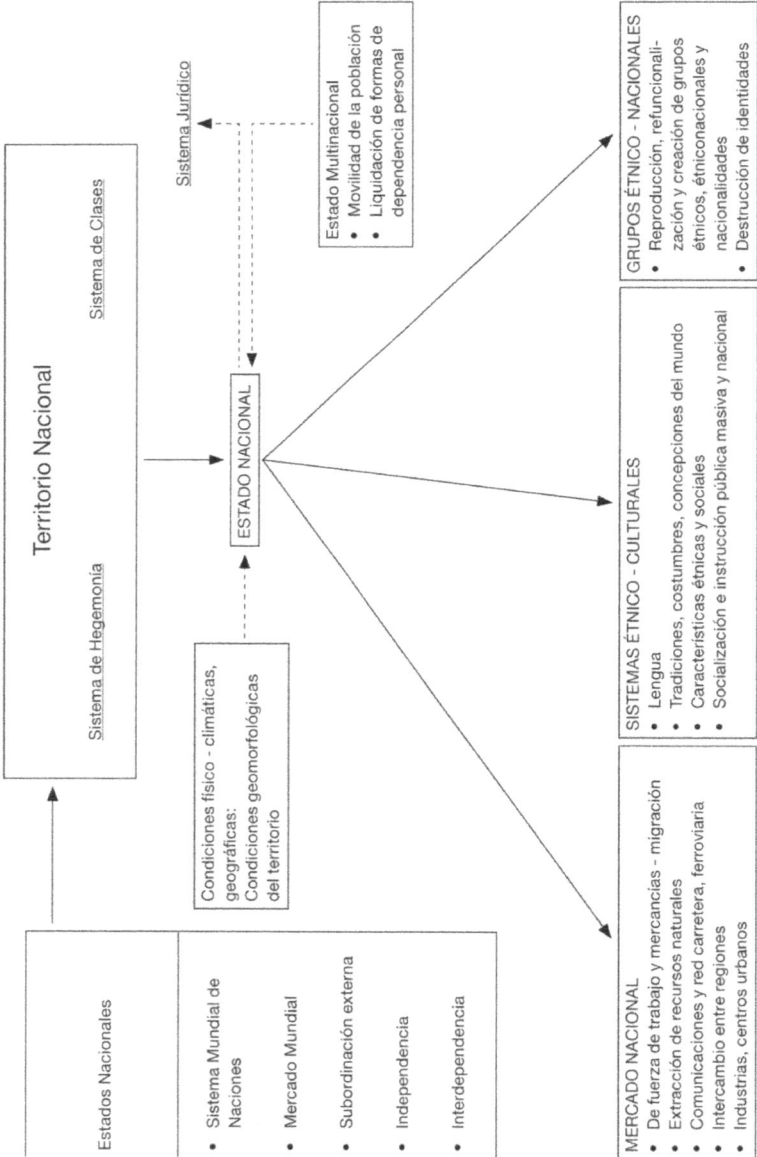

Territorio Nacional

Sistema de Hegemonía

Sistema de Clases

Sistema Jurídico

Estado Multinacional
- Movilidad de la población
- Liquidación de formas de dependencia personal

ESTADO NACIONAL

Condiciones físico - climáticas, geográficas; Condiciones geomorfológicas del territorio

Estados Nacionales
- Sistema Mundial de Naciones
- Mercado Mundial
- Subordinación externa
- Independencia
- Interdependencia

GRUPOS ÉTNICO - NACIONALES
- Reproducción, refuncionali-zación y creación de grupos étnicos, étniconacionales y nacionalidades
- Destrucción de identidades

SISTEMAS ÉTNICO - CULTURALES
- Lengua
- Tradiciones, costumbres, concepciones del mundo
- Características étnicas y sociales
- Socialización e instrucción pública masiva y nacional

MERCADO NACIONAL
- De fuerza de trabajo y mercancías - migración
- Extracción de recursos naturales
- Comunicaciones y red carretera, ferroviaria
- Intercambio entre regiones
- Industrias, centros urbanos

Anexo No. 3
Porcentaje de la población hablante de lengua indígena 1895-1995

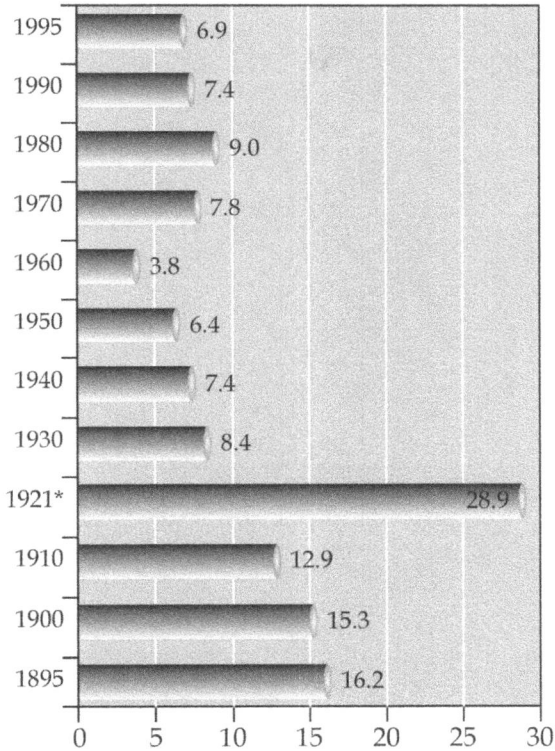

Año	Porcentaje
1995	6.9
1990	7.4
1980	9.0
1970	7.8
1960	3.8
1950	6.4
1940	7.4
1930	8.4
1921*	28.9
1910	12.9
1900	15.3
1895	16.2

* En este censo se captó a la población según raza indígena y no como lengua indígena.

Nota: De 1895 a 1930 para determinar la cantidad de hablantes de lengua indígena se pedía información de toda la población; en cambio, de 1940 a la fecha el universo es la de 5 y más años de edad.

Anexo No. 4

Población hablante en hogares indígenas* por tipo de hogar según características étnicas de su población, 2000

Tipo de hogar	Población en Hogares	Hablantes	Pertenecientes	Ni habla ni Pertenece
Población	12 403.0	6 044.5	1 099.7	5 258.7
Hogares con algún hablante	10 694.9	5 971.1	115.5	4 608.2
Hogares sólo con pertenecientes	1 654.8	23.3	981.0	650.5
Hablantes y/o pertenecientes fuera de hogares	53.3	50.1	3.2	650.5
Porcentaje (por tipo de Hogar)	99.8	100.0	100.1	100.0
Hogares con algún hablante	86.1	98.8	10.5	87.6
Hogares sólo con pertenecientes	13.3	0.4	89.3	12.4
Hablantes y/o pertenecientes fuera de hogares	0.4	0.8	0.3	0.0
Porcentaje (por características individuales)				
Hogares con algún hablante	100.0	55.8	1.1	43.1
Hogares sólo con pertenecientes	100.0	1.4	59.3	39.3
Hablantes y/o pertenecientes fuera de hogares	100.0	94.0	6.0	0.0

* Población en miles. Hogares con algún hablante o perteneciente, excepto cuando este es del servicio doméstico.

Fuente: Estimaciones de CONAPO con base en el XII Censo General de Población y Vivienda. 2000 y la Muestra Censal.

Anexo No. 5

Población hablante de lengua indígena de 5 años y más por entidad
federativa según sexo, 2000

Entidad federativa	Población Indígena	Total Hablantes L.I.	Hombres	Mujeres
Estados Unidos Mexicanos	12 403.0	6 044 547	2 985 872	3 058 675
Aguascalientes	8.0	1 244	667	577
Baja California	128.8	37 685	19 920	17 765
Baja California Sur	19.0	5 353	3 046	2 307
Campeche	229.3	93 765	48 558	45 207
Coahuila	19.5	3 032	1 834	1 198
Colima	9.4	2 932	1 790	1 142
Chiapas	1 185.6	809 592	404 442	405 150
Chihuahua	194.6	84 086	43 269	40 817
Distrito Federal	471.0	141 710	63 592	78 118
Durango	53.8	24 934	12 546	12 388
Guanajuato	58.0	10 689	5 797	4 892
Guerrero	584.4	367 110	177 337	189 773
Hidalgo	595.0	339 866	167 947	171 919
Jalisco	124.4	39 259	19 796	19 463
México	1 169.4	361 972	173 930	188 042
Michoacán	291.6	121 849	58 347	63 502
Morelos	97.2	30 896	15 761	15 135
Nayarit	103.0	37 206	18 784	18 422

Anexo No. 5 (continuación)
Población hablante de lengua indígena de 5 años y más por entidad
federativa según sexo, 2000

Nuevo León	47.3	15 446	6 962	8 484
Oaxaca	2 024.5	1 120 312	538 255	582 057
Puebla	1 056.2	565 509	273 228	292 281
Querétaro	60.9	25 269	12 317	12 952
Quintana Roo	423.0	173 592	92 991	80 601
San Luis Potosí	398.9	235 253	120 202	115 051
Sinaloa	130.5	49 744	27 216	22 528
Sonora	223.5	55 694	30 637	25 057
Tabasco	164.6	62 027	32 629	29 398
Tamaulipas	61.5	17 118	8 744	8 374
Tlaxcala	85.1	26 662	13 379	13 283
Veracruz	1 194.2	633 372	313 553	319 819
Yucatán	1 181.5	549 532	277 317	272 215
Zacatecas	9.2	1 837	1 079	758

INEGI. XII Censo General de Población y Vivienda, 2000, y estimaciones
de poblción indígena según CONAPO-INI.

Anexo No. 6

Población indígena considerada como hablante por grupo etnolingüístico,
de acuerdo a las estimaciones de CONAPO con base en el XII Censo
General de Población y Vivienda de 2000

GRUPO ETNOLINGÜÍSTICO	POBLACIÓN INDÍGENA	%
Total	10 735.6	100.0
Náhuatl	2 556.9	23.8
Maya	1 509.5	14.1
Zapoteco	802.0	7.5
Mixteco	750.5	7.0
Otomí	682.7	6.4
Totonaca	429.6	4.0
Tzotzil	415.6	3.9
Tzeltal	393.0	3.7
Mazahua	345.1	3.2
Mazateco	314.0	2.9
Huasteco	236.7	2.2
Chol	226.6	2.1
Purépecha	219.7	2.0
Otras	1 520.1	14.2
No especificada	333.5	3.1

Anexo No. 7

Estimaciones socioeconómicas de la población indígena CONAPO-INI,
a partir de la base de datos del XII Censo General de Población
y Vivienda 2000 del INEGI

Población total en México	97 483 412
Estimación global de la población indígena CONAPO-INI	12 707 000
Porcentaje	12.4
Población de cinco años o más hablante de lengua indígena	6 044 547
Porcentaje	7.1
Total de municipios en México	2 443
Total de municipios indígenas o con presencia de población indígena	871
Porcentaje	35.7
Municipios con 70% y más de población indígena	481
Porcentaje	19.7
Municipios con 40 a 69% de población indígena	174
Porcentaje	7.1
Total de localidades (poblaciones) en México	199 369
Localidades con más del 40% de población indígena	21 407
Porcentaje	10.7
Municipios indígenas o con presencia de población indígena con grado de marginación "Muy alto"	295
Porcentaje	33.9
Municipios indígenas o con presencia de población indígena con grado de marginación "Alto"	363
Porcentaje	46.5
Municipios indígenas o con presencia de población indígena con grado de marginación "Medio"	87
Porcentaje	10.0

Anexo No. 7 (continuación)

Estimaciones socioeconómicas de la población indígena CONAPO-INI,
a partir de la base de datos del XII Censo General de Población
y Vivienda 2000 del INEGI

Municipios indígenas o con presencia de población indígena con grado de marginación "bajo"	45
Porcentaje	5.2
Municipios indígenas o con presencia de población indígena con grado de marginación "muy bajo"	81
Porcentaje	9.3
Porcentaje de la población en localidades con 40 % y más de población indígena que trabaja en el sector primario	56.8
Porcentaje de la población ocupada, en localidades con 40% y más de población indígena que no recibe ingresos por su trabajo	30.7
Porcentaje de la población que recibe de 1 a 2 salarios mínimos, en localidades con 40% y más de población indígena	22.2
Porcentaje de viviendas con piso de tierra, en localidades con 40% y más de población indígena	53.5
Porcentaje de viviendas que no dispone de agua entubada en localidades con 40% y más de población indígena	42.3
Porcentaje de viviendas que no disponen de drenaje en localidades con 40% y más de población indígena	73.0
Porcentaje de viviendas que no disponen de electricidad en localidades con 40% y más de población indígena	20.7
Porcentaje de viviendas que no disponen de agua entubada, drenaje ni electricidad, en localidades con 40% y más de población indígena	13.0

Anexo No. 8

Distribución porcentual de la población hablante de lengua indígena
de 15 años y más por nivel de instrucción, 2000

Nivel de instrucción	Porcentaje
Total	4 524 795 (100%)
Sin instrucción	31.7
Primaria incompleta	30.6
Primaria completa	18.4
Secundaria incompleta	3.4
Secundaria completa	8.9
Algún año aprobado en educación media superior	4.3
Algún año aprobado en educación superior	2.7

Fuente: INEGI. XII Censo General de Población y Vivienda, 2000.

Anexo No. 9

Nivel de instrucción nacional, 2000

Distribución porcentual de la población de 15 años y más por nivel de instrucción y sexo	100.0
Sin instrucción	10.3
Primaria incompleta	18.1
Primaria completa	19.4
Secundaria incompleta	5.3
Secundaria completa	19.1
Media superior	16.8
Superior	11.0

Fuente: INEGI. XII Censo General de Población y Vivienda, 2000.

Anexo No. 10

Acciones contrainsurgentes denunciadas en comunicados difundidos
por Enlace Civil 2002

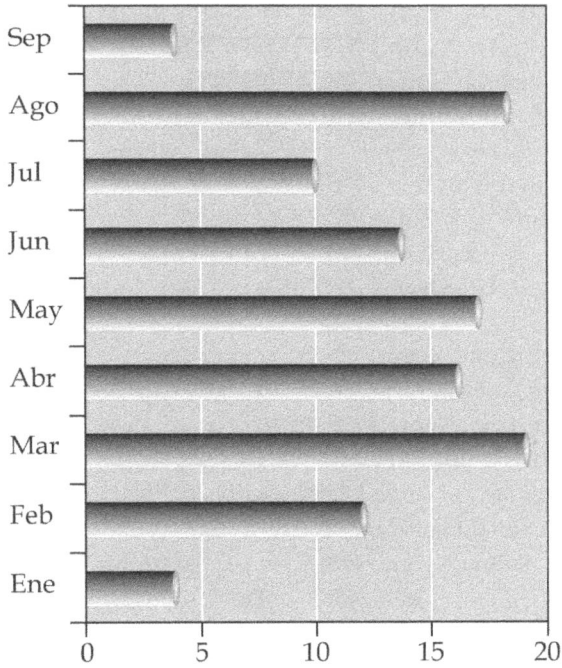

Anexo No. 11
Denuncias por municipio, enero-septiembre 2002

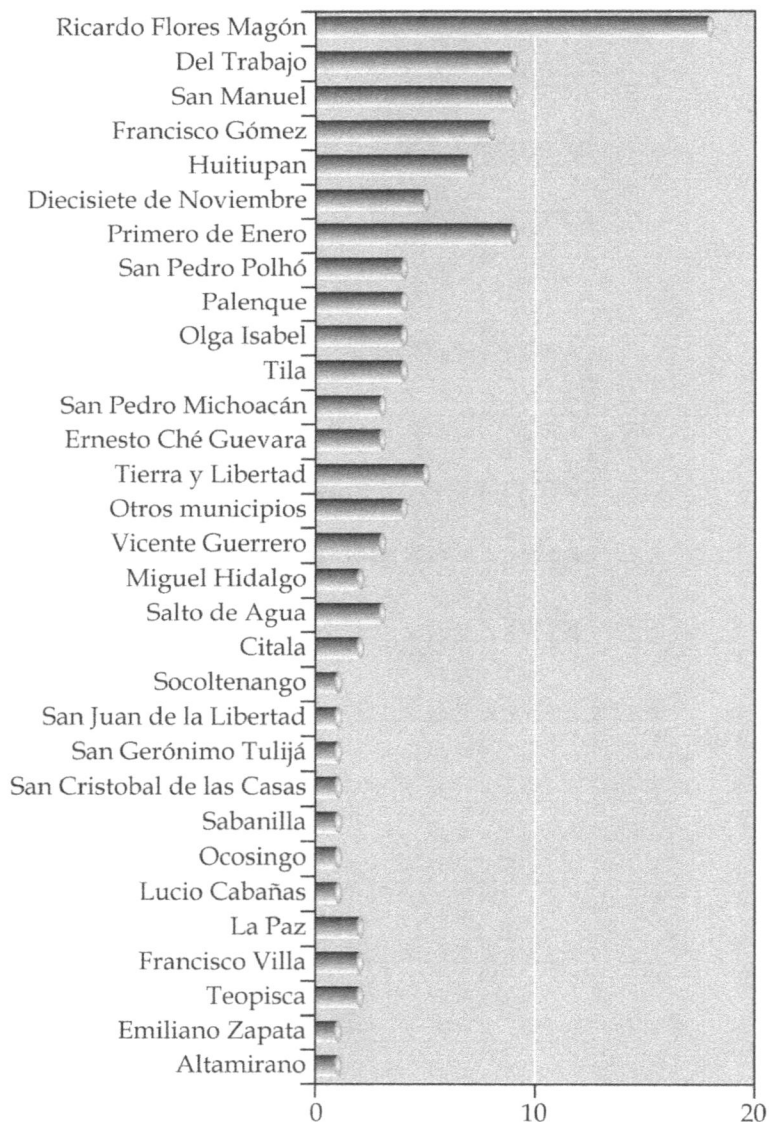

Anexo No. 12

Quiénes denunciaron, enero-septiembre 2002

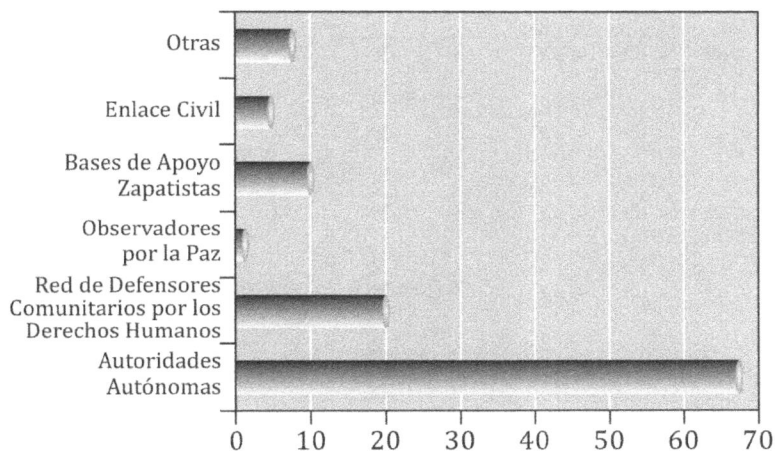

Anexo No. 13
Casos por tipo de denuncias, enero-septiembre 2002

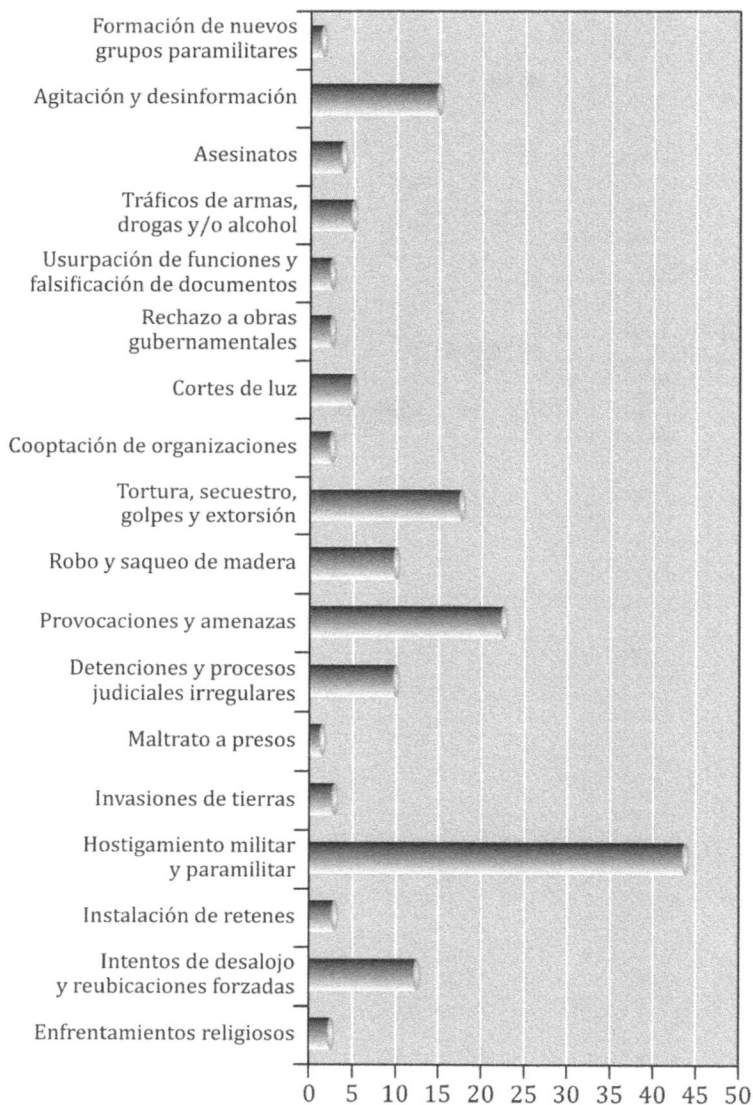

Anexo No. 14
Grupos denunciados, enero-septiembre 2002

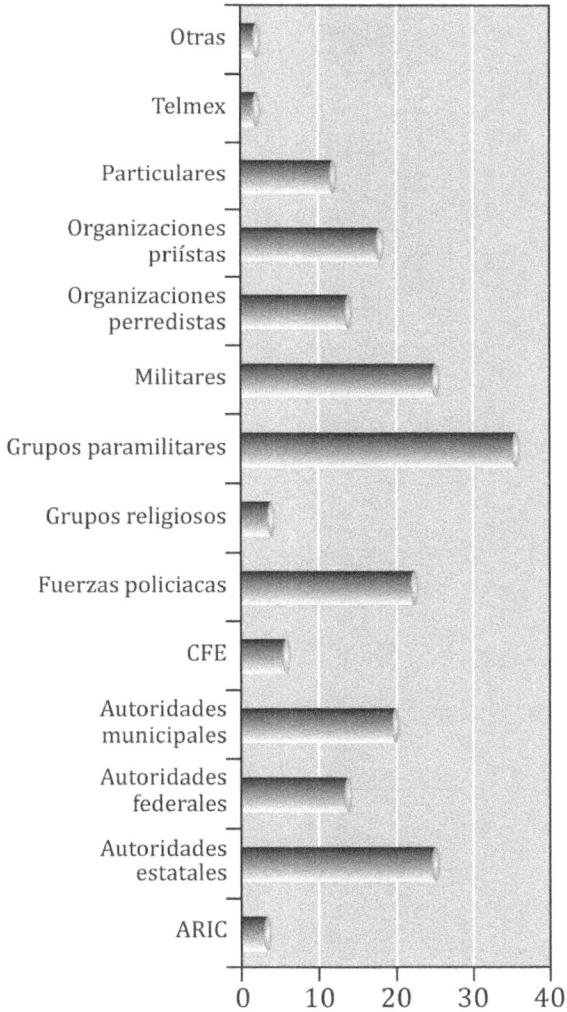

Notas

Introducción

1. «En la actualidad, nos es difícil pensar en la nación sin un vínculo político con un "Estado" unificado, pero esta dificultad proviene de la concepción moderna de los Estados nacionales; corresponde a un momento preciso de la historia de Occidente. Cierto: la nación en su sentido tradicional, como comunidad cultural y proyecto compartido, tiene que incluir alguna organización política que haga posible la vida en común. Pero esta es muy variable. Si entendemos por "Estado" un poder político y administrativo unificado, soberano, sobre un territorio limitado, que se reserva en él el monopolio de la violencia legítima, no siempre las naciones han coincidido con un "Estado"». Luis Villoro: *Estado plural, pluralidad de culturas*, coed. UNAM-FFYL y Paidós, México, 1998, pp. 16-17.

2. Para un estudio detenido de la formación de los discursos públicos y ocultos que median en las relaciones de dominación consultar el texto de James Scott: *La dominación y el arte de la resistencia*, Era, México, 2000: «El discurso público es, para decirlo sin rodeos, el autorretrato de las elites dominantes donde estas aparecen como quieren verse a sí mismas. [...] Debido a las concesiones retóricas inherentes al autorretrato, ese discurso ofrece un terreno sorprendentemente amplio para los conflictos políticos que recurren a esas concesiones y que aprovechan el espacio que toda ideología deja a la interpretación. Por ejemplo, incluso la ideología de los esclavistas blancos en el sur de Estados Unidos antes de la guerra incorporaba ciertos rasgos paternalistas que se referían a la protección, la alimentación, el alojamiento, el vestido y la instrucción religiosa de los esclavos». Ibíd.: p. 42.

3. Ibíd.: pp. 28-29.

4. Gilberto López y Rivas: *Nación y pueblos indios en el neoliberalismo*, 2da. ed., coed. Plaza y Valdés y Universidad Iberoamericana, México, 1996, p. xvi.

5. «El desarrollo de la nación tendría que romper con los límites y superar las contradicciones de la nación burguesa, los cuales se expresan fundamentalmente en la explotación de clases, el racismo, la segregación de pueblos indios, la opresión peculiar de la mujer, la discriminación a grupos de edad, el control imperialista de nuestras economías y sociedades. Estas contradicciones se dan en el interior de nuestras naciones, y las luchas por

superarlas constituyen la esencia misma de la cuestión nacional de nuestros días». Ibíd.: p. xvii.

6. «La nación es una comunidad humana estable, surgida históricamente como la forma de establecer la hegemonía burguesa; esto es, su predominio político, económico, social y cultural sobre un territorio que reclama como el ámbito de su producción y como su mercado interior de mercancías y fuerza de trabajo; estableciendo, asimismo, una imposición lingüística y cultural sobre poblaciones generalmente heterogéneas en su composición étnico-nacional». Gilberto López y Rivas: «La cuestión nacional y el concepto de nación», Alicia Castellanos y Gilberto López y Rivas: *El debate de la nación: cuestión nacional, racismo y autonomía,* Claves Latinoamericanas, México, 1992, p. 21. (Ver cuadro La Nación).

7. Gilberto López y Rivas: *Nación y pueblos indios en el neoliberalismo,* ob. cit., p. 33.

8. «En la práctica, en los casos de las autonomías, podemos constatar una escala de arreglos de actuación jurídico-política que se distinguen por su grado de intensidad en su independencia frente al Estado. Un mínimo de autonomía se ve en un arreglo que permite la manifestación de la opinión propia [...] Un grado más fuerte de autonomía se puede constatar en la participación activa en tales procedimientos, sin necesariamente tener la posibilidad de controlar sustancialmente las decisiones. Más intensa todavía es la situación donde se concede a la entidad autónoma el derecho de participar en la decisión como parte equivalente». René Kuppe: «Guía para la investigación», Latautonomy, inédito.

9. Yu. V. Bromley: *Theoretical Ethnography,* Nauta Publishers, Moscow, 1984.

10. R. Stavenhagen: «La cuestión étnica: algunos problemas teórico-metodológicos», *Estudios Sociológicos,* vol. X, no. 28, enero-abril, 1992, pp. 53-76.

11. José Luis Najenson: «Etnia, clase y nación en América Latina», en *Antropología Americana,* Instituto Panamericano de Geografía e Historia, 1984, p. 80.

12. Ber Borojov: *Nacionalismo y lucha de clases,* Cuadernos de Pasado y Presente, México, 1980.

13. Ver Gilberto Jiménez: «Identidades étnicas: estado de la cuestión» en Leticia Reina (coordinadora), *Los retos de la etnicidad en los estados-nación del siglo XXI,* INI; CIESAS, México, 2000.

14. «Visto desde la perspectiva de la sociología, el origen del lenguaje nacional se halla en las profundidades de la verdadera fábrica de las naciones en el siglo pasado; la expansión nacional del Estado, la subordinación de racionalidades singulares, regionales y étnicas, a la razón nacional del Estado. ¿Qué intrigante proceso logró que más del 38% de los italianos fueran desposeídos de sus lenguajes locales para hacerse del italiano moderno en tan solo medio siglo? La misma pregunta se puede hacer a la historia francesa

o a la alemana (sobre la historia del lenguaje nacional en México las cifras no abundan, pero es de suponer que fue un proceso sustancialmente más lento y más fallido que en los países centrales)». Ilan Semo: «Prólogo», Gilberto López y Rivas: *Nación y pueblos indios en el neoliberalismo*, ob. cit., p. III.

15. En el inicio de los ochenta, un grupo de antropólogos críticos nos presentamos en el Foro Popular sobre la Cuestión Étnica, organizado por el INI, declarando tajantemente: «Todo indigenismo, independientemente de su ropaje integracionista, participativo o pluricultural, es un instrumento etnocida. Los renovados discursos y los propósitos declarativos no logran anular este carácter». Eckart Boege, Héctor Díaz-Polanco, Andrés Medina, Gilberto López y Rivas: «El indigenismo y los indígenas».

16. Enrique Florescano: *Etnia, Estado y Nación. Ensayo sobre las identidades en México*, Ed. Aguilar, México, 1998, p. 18.

Capítulo 1. Los pueblos indios y el desarrollo de los procesos autonómicos

1. Halperin comenta que «…en 1951 el candidato del Movimiento Nacionalista Revolucionario era el más votado en las elecciones presidenciales; el golpe militar del general Ballivián, destinado a impedirle la llegada al poder, provocó como reacción una revolución de sectores marginales del ejército, que encontró apoyos populares muy amplios, y en abril de 1952 impuso a Paz Estenssoro: la revolución nacional había comenzado». Tulio Halperin Donghi: *Historia Contemporánea de América Latina*, Alianza Editorial, Madrid, 2002, p. 434.

2. Formamos parte de esa comisión Manuel Ortega, Hazle Law, Galio Gurdian, Orlando Núñez y el autor de estas líneas, entre otros.

3. Gilberto López y Rivas: «El Proceso de autonomía de la Costa Atlántica-Caribe de Nicaragua», Alicia Castellanos Guerrero y Gilberto López y Rivas: *El debate de la nación*, ob. cit., pp. 91-94.

4. Eckart Boege y Gilberto López y Rivas: «Los miskitos y la cuestión nacional en Nicaragua», Gilberto López y Rivas: *Antropología, minorías étnicas y cuestión nacional*, Ed. Aguirre Beltrán, México, 1988.

5. Al respecto pueden consultarse las páginas de la Internet (www.peruindymedia.org y www.ecuador.indymedia.org).

6. Margarito Ruiz, de esta organización, como diputado del PRD, presentó una iniciativa en esta dirección en 1991, misma que fue firmada también por el autor en su carácter de diputado federal.

7. El 5 de septiembre de 1990 fue ratificado por el Senado de la República Mexicana el Convenio 169 de la Organización Internacional del Trabajo (OIT) Sobre Pueblos Indígenas y Tribales en Países Independientes, y

entró en vigor el 5 de septiembre de 1991, siendo Ley Suprema en nuestro país según lo estipula el artículo 133 de la Carta Magna. El Convenio 169 de la OIT empezó a verse como una herramienta útil por los pueblos indios cuando el Consejo de Pueblos Nahuas del Alto Balsas recurrió a él para defenderse y poder evitar la construcción de una presa en San Juan Telelcingo.

8.   Gilberto López y Rivas: *Nación y pueblos indios en el neoliberalismo*, op. cit., p. XVII.

9.   Gilberto López y Rivas y Alicia Castellanos: *El debate de la nación*, Ed. Claves Latinoamericanas, México, 1992, pp. 7-10.

10. Ibíd.: p. XV.

11. A principios del 2003, tomando partido en una controversia en la que participaron personajes de izquierda reconocidos y que participaron en la elaboración de aquel documento escribí lo siguiente:
     «Ya desde el diálogo que precedió a esa firma, se dio un debate en el seno mismo del cuerpo de invitados y asesores de los zapatistas, precisamente sobre los ámbitos, niveles, atribuciones o competencias de los autogobiernos indígenas, por lo que el EZLN tuvo que enfrentar una compleja negociación con la delegación gubernamental en la que cada término, concepto, párrafo, que finalmente se integraron a los documentos firmados, eran arrancados en ríspidas discusiones, y en un contexto de crisis, provocaciones armadas y retrocesos que muchas veces pusieron el proceso al borde del naufragio.
     »Pero *no fueron menos difíciles* las discusiones en el interior del amplio y plural cuerpo zapatista de asesores, conformado por representantes de la mayoría de los pueblos del territorio nacional, especialistas y analistas de distintas ciencias sociales, dirigentes sociales y políticos, miembros destacados de la sociedad civil. Incluso hubo quien pretendió aprovechar el espacio brindado generosamente por los zapatistas para tratar de imponer sus puntos de vista, así como quien no se aproximó a esa experiencia singular para escuchar, entender, aprender y, en todo caso, convencer para lograr el consenso, que fue el mecanismo colectivo que guió toda decisión tomada por los representantes del EZLN. No solo *Marcos* ni los *comandantes* del EZLN optaron por la propuesta autonómica que se asentó en los acuerdos de San Andrés, sino que la decisión fue fruto del consenso de todos los participantes de las distintas submesas que redactaron sus documentos después de un intenso debate interno. Lo que resultó de este proceso, el texto final de los Acuerdos, se sometió a consulta de los pueblos y las comunidades zapatistas, quienes votaron mayoritariamente en favor del documento firmado por sus comandantes en discreta ceremonia». Lo que puede darle una idea al lector de la complejidad e importancia del proceso. Véase Gilberto López y Rivas: «A siete años de los Acuerdos de San Andrés», *La Jornada*, 14 de febrero de 2003.

12. «Otro elemento común al movimiento político contemporáneo de los pueblos indios es que la propuesta básica de su estrategia liberadora es la autonomía como la expresión esencial de su derecho a la libre determinación. El término de libre determinación implica que determinado sujeto socio étnico, considerado como pueblo, puede, en todo momento, decidir su propio destino en el marco de un Estado-nación; o que el desarrollo de sus procesos políticos internos puede llevarlo a la conformación de una entidad de naturaleza nacional que, en algún momento, opte por el derecho a la autodeterminación, lo que significa, en el sentido estricto, el establecimiento de su propio Estado nacional, situación que se presenta de manera recurrente en Europa. En América Latina, la libre determinación, en prácticamente todos los casos, se expresa en términos de autonomía, de manera implícita o explícita». Gilberto López y Rivas: *Nación y pueblos indios en el neoliberalismo*, op. cit., p. XVI.

13. «Carta Pública a la Comisión de Concordia y Pacificación» aparecida el 12 de febrero de 1996. Versión proveniente la página en Internet del EZLN: (www.ezln.org).

14. Esto ocurrió en la Ciudad de México en un momento muy delicado de la negociación, pues las comunidades zapatistas se encontraban en pleno proceso de consulta. Los asesores teníamos ese carácter mientras las partes estaban reunidas, por lo que la dirigencia zapatista criticó duramente el contenido de esta reunión convocada por miembros de ANIPA, quienes ya no fueron invitados a continuar como asesores en la siguiente fase del diálogo.

15. Este fue en esencia el mensaje del subcomandante insurgente Marcos a sus asesores, previo al inicio del diálogo.

16. Hubo, sin embargo, quien pretendió romper la hegemonía del EZLN en el movimiento indígena, criticando los Acuerdos de San Andrés, con el argumento de que lo pactado no convenía a los intereses de los pueblos indígenas.

Capítulo 2. Luchas autonómicas paradigmáticas

1. Estrategia que implicó un silencio casi total de parte del EZLN, en el que sacrificó gran parte de su interlocución con los movimientos sociales del interior del país e internacionales, mientras por parte del gobierno se proseguía con una estrategia de contrainsurgencia concebida desde el inicio del movimiento Zapatista.

2. Francisco López Barcenas: *Autonomía y derechos indígenas en México*, CONACULTA, México, 2002, p. 34.

3. *La Jornada*, 28 de julio de 2003.

4. *La Jornada*, 25 de julio de 2003.

5. *La Jornada*, 9 de agosto de 2003.

6. Pablo González Casanova: «Los caracoles zapatistas, Redes de resistencia y autonomía», Perfil de *La Jornada*, 26 de septiembre de 2003.

7. Ibíd., p. 7.

8. Información disponible el Censo de Población y Vivienda de 2000.

9. Las resoluciones a las que se llegó en el Congreso Indígena realizado en San Cristóbal de las Casas en 1974 y Congreso de Paztcuaro al año siguiente así lo demuestran.

10. Véase a Adelfo Regino Montes: «El pueblo Mixe, espejo de una realidad paradójica: la lógica de imposición externa y la esperanza por la autonomía», (SER) Servicios del pueblo Mixe, inédito, 2003.

11. *La Jornada*, 16 de junio de 2002.

12. Para mayor información, véase: (http://www.suracapulco.com.mx/anterior/2002/marzo/22/pag1.htm).

13. Ibíd.

14. Véase *La Jornada*, 4 de marzo de 2001 y *Ojarasca*, no. 51.

15. La delegación de Tlalpan está ubicada al sur de la Ciudad de México. Tiene una superficie de 33 061 has., que representan el 20,7% del Distrito Federal, con una zona urbana de 7 635 has., y la zona rural de 25 426 has. La demarcación está dividida en cinco coordinaciones territoriales, comprendiendo la zona cinco, los ocho pueblos rurales de Tlalpan: San Pedro Mártir, San Andrés Totoltepec, San Miguel Xicalco, Magdalena Petlacalco, San Miguel Ajusco, Santo Tomas Ajusco, San Miguel Topilejo, Parres el Guarda.

16. De una población total de 581 781 habitantes, el sector primario (agricultura, ganadería, caza y pesca) constituye un 1,2%, el sector secundario (minería, extracción de petróleo y gas, manufactura, electricidad, agua y construcción) un 19,7%, el sector terciario (comercio y servicios) representa el 76,3%, y no especificado el 2,8%. Fuente: *Cuaderno Estadístico Delegacional 2001*, Tlalpan Distrito Federal, INEGI, 2001.

17. En Tlalpan se tienen registrados 148 asentamientos humanos en suelo de conservación, con un número aproximado de 8 622 familias, las cuales suman un población estimada 43 110 personas.

18. Tlalpan cuenta con el 30% de suelo de conservación del Distrito Federal y el 82% del total de la superficie de esta demarcación. Por cada hectárea que se urbaniza en el suelo de conservación, dejan de infiltrarse al subsuelo, 250 millones de litros de agua al año. El suelo de conservación del D.F. contribuye con cerca del 50% del total del agua que consume la ciudad; si se continúa con el ritmo de tala clandestina actual, en 100 años se deforestaría el total de la zona boscosa de Tlalpan.

19. Esta situación se ha generado en virtud de que las tierras dotadas y/o tituladas a ejidos y comunidades han permanecido en posesión de pueblos originarios, que en su mayoría no son comuneros. Aunado a lo anterior, las comunidades agrarias nunca han emprendido acciones legales para que las tierras que son de su propiedad les sean restituidas. Otro problema a considerar es la relación, a veces conflictiva, entre las comunidades agrarias de Tlalpan y los especuladores de tierras. El accionar de estos ha provocado el auge de este mercado especulativo por medio de asentamientos irregulares. La convivencia entre las comunidades ya establecidas y los pobladores de este tipo de asentamientos es por demás conflictiva. Una relación similar se da entre integrantes de diferentes comunidades que no han definido en forma clara sus límites, sobre todo cuando las partes en litigio provienen de diferentes entidades federativas.

20. En la delegación de Tlalpan existen cuatro áreas naturales protegidas decretadas, y dos propuestas para su conservación mediante su incorporación al Sistema de Áreas Naturales Protegidas. El Parque Ecológico de la Ciudad de México tiene la categoría de zona sujeta a Conservación Ecológica desde el 28 de junio de 1989, y cuenta con 727 has. En esta área se pretende coadyuvar en el impulso del proyecto «Tepozán», el cual coordinan miembros del Ejido de San Andrés Totoltepec y que está enfocado tanto al desarrollo sustentable como a la educación ambiental. El Bosque de Tlalpan fue decretado Parque Urbano el 24 de octubre de 1997; cuenta con 251 has. de las 304 originales, y se está valorando la creación de un Jardín Etnobotánico, proyecto que está enfocado principalmente a la educación ambiental. Cumbres del Ajusco, que tiene la categoría de Parque Nacional desde el 23 de septiembre de 1936, cuenta con 920 has. Aquí se dará impulso prioritario al proyecto eco turístico que actualmente se desarrolla por miembros de la comunidad. Fuentes Brotantes, que tiene la categoría de Parque Nacional desde el 28 de septiembre de 1936, actualmente cuenta con 20 de 129 has. originales. En esta área se está llevando a cabo un programa de rescate ecológico en coordinación con la Secretaría del Medio Ambiente y la SEMARNAT. La reserva Biológica Ajusco Medio (Ecoguardas), se encuentra en proceso de ser decretada como Área Natural Protegida, actualmente es administrada por la CORENA. Cumbres del Ajusco y Fuentes Brotantes están en proceso de incorporación, del Gobierno Federal al Gobierno Local.

21. Las autoridades locales (un subdelegado por cada uno de los ocho pueblos y un coordinador regional), como ya se indicó, son electas a través del voto directo por parte de la comunidad y el nombramiento a partir de ese voto por parte del Jefe de Gobierno delegacional. En este caso específico, nos referimos al pueblo de Magdalena Petlacalco.

22. Actualmente se cuenta con los siguientes consejos y comités: Consejo Delegacional de Prevención, Atención y Erradicación de la violencia intrafami-

liar, Consejo Delegacional de Adultos Mayores, Consejo por los Derechos de las niñas y los niños, Consejo Delegacional de personas con Discapacidad, Comité Delegacional de Salud y Medicina Preventiva, Subcomité de Prevención de Adicciones, Consejo Delegacional de Población, colectivo «Artistas en Red».

Capítulo 3. Estado nacional y autonomías étnicas

1. Gilberto López y Rivas: «Pueblos indios, autonomía y reforma constitucional», Gabriel García Colorado e Irma Eréndira Sandoval: *Autonomía y derechos de los pueblos indios*, Cámara de diputados, LVII legislatura-Instituto de Investigaciones Legislativas, México, 2000, p. 259.

2. Ibíd., p. 258.

3. Ibíd.

4. *La Jornada*, 12 de agosto de 2003.

5. El PPP tiene la intención de generar «nuevas políticas públicas para el desarrollo humano en la lucha contra la pobreza y la promoción de la inversión y el desarrollo productivos, la realización de inversiones estratégicas en infraestructura que permita a la región comunicarse mejor y aprovechar las potencialidades inscritas en los tratados de libre comercio de México, una nueva política de precios y tarifas de bienes y servicios producidos por el sector público y programas para el aseguramiento de la sustentabilidad ambiental del crecimiento económico». Ver Plan Puebla-Panamá.

6. Gustavo Esteva: «Autonomía, ámbitos de comunidad. Una visión pluralista radical», en González Casanova Henríquez, Pablo y Arturo Lomelí González: *Etnicidad, democracia y autonomía.*, UNAM Centro de Investigaciones Humanísticas de Mesoamérica y el Estado de Chiapas, México, 1995, p. 19.

7. Ver Gilberto López y Rivas: «El Plan Puebla-Panamá y la contrarreforma indígena», México, *La Jornada*, viernes 6 de julio de 2001.

8. Ver Plan Puebla-Panamá.

9. Mucho se ha aprendido, no obstante de la experiencia en Nicaragua a través de su propuesta de autonomía regional en la Costa Atlántica. Ver López y Rivas: op. cit., p. 120.

10. Armando Bartra: *Cosechas de Ira. Economía política de la contrarreforma agraria*, Itaca, México, 2003, p. 56.

11. Alejandro Álvarez, Andrés Barreda y Armando Bartra: *Economía Política del Plan Puebla-Panamá*, Itaca, México D.F., 2007, p. 16.

12. Ibíd.

13. José Gasca Zamora: «El Sur-sureste de México en la estrategia del Plan Puebla-Panamá» (http://nodo50.org/pchiapas/documentos/ppp/pp26.htm).
14. Dato aportado por el Banco Mundial en 2000 y citado por Gasca. Ibíd.
15. Alejandro Álvarez, Andrés Barreda y Armando Bartra: op. cit.
16. Armando Bartra: «Detrás del Plan Puebla-Panamá», (http://nodo50.org/pchiapas/docu-mentos/ppp/pp4.htm).
17. Ibíd.
18. 10% de la biodiversidad mundial tienen los territorios mexicano y centroamericano, según Gasca, op. cit.
19. Gasca: op. cit.
20. Bartra: op. cit.
21. Ibíd.
22. El 20 de marzo del 2011, se presentó el «Nuevo proyecto de nación», del cual Andrés Manuel López Obrador esbozó en su discurso 50 acciones indispensables para la «regeneración nacional», partiendo de la tesis ya conocida de que la crisis de México «se debe al predominio de un grupo oligárquico, que se conformó durante el gobierno de Carlos Salinas de Gortari, mediante la entrega a particulares, nacionales y extranjeros, de los bienes de la nación y el pueblo», sin reparar en el carácter sistémico de esta crisis, enmarcada en las características propias de esta etapa de mundialización capitalista. El discurso es importante porque en movimientos con un dirigente máximo, como el de AMLO, la criba que él hace del «Proyecto de nación», un documento de dos centenares de páginas, da una idea de los énfasis y coordenadas reales del precandidato presidencial, del programa «mínimo» con el que pretende presentarse electoralmente. También, en el discurso se matizan temas candentes, o se dejan fuera (aborto, derechos de minorías sexuales, guerra sucia, etcétera), mientras que otros son tratados dentro de la lógica de la mercadotecnia electoral: ¿qué tanto conviene sostener una determinada perspectiva para las encuestas, para el apoyo, rechazo o neutralidad de los poderes fácticos? Así, lo que podría ser proyecto de nación, se trastoca finalmente en una plataforma electoral negociable. Tomemos el caso de los pueblos indígenas, tratados escasamente en la pieza oratoria, donde se les muestra como víctimas que esperan la mano clientelar del Estado.
23. «El Plan Puebla Panamá: extensión y profundización de la estrategia regional neoliberal, o nueva estrategia de desarrollo integral y sustentable desde las comunidades», en página del FZLN en (http://nodo50.org/pchiapas/documentos/ppp/pp13.htm).
24. Gasca: op. cit.
25. *La Jornada*, 23 de julio de 2003.

26. Ana Esther Ceceña: «El Dictamen del Senado, a favor del Plan Puebla-Panamá y no de los derechos indígenas» (http://nodo50.org/pchiapas/documentos/ ppp/pp5.htm).

27. Ibíd.

28. Mariola López y David Pavón: *Zapatismo y contrazapatismo*, México, Grupo Omega, 1997, p. 538.

29. *La Jornada*, 25 de julio de 2003.

30. Cfr. Ibíd.

31. Jorge Lofredo: «PPP: lucha social, política y armada en México», Argenpress.info, abril, 2003.

32. Ibíd.

33. La Teología de la Liberación surgió por la necesidad que tenia la iglesia católica progresista de Latinoamérica para dar una respuesta convincente a los requerimientos de una feligresía mayoritariamente indígena y campesina, es decir, oprimida. Esta institución milenaria, tradicional aliada del poder en contra de los indígenas, intento dar un vuelco a su posición retrograda al aceptar en el Concilio Vaticano II, Cuarta Encíclica, parte de culpabilidad por la dominación que habían sufrido los pueblos originarios de Latinoamérica a manos de los españoles. Posición estratégica de la burocracia católica que veía venir una transformación radical en los aliados prioritarios que la burguesía elegía para reproducir el sistema capitalista. Situación aprovechada por cuadros progresistas importantes en Latinoamérica y, sobre todo, por las comunidades indígenas.

34. Shannan L. Mattiace, Rosalva Aída Hernández y Jan Rus (editores): *Tierra, libertad y autonomía: impactos regionales del zapatismo en Chiapas*, CIESAS, México D.F., 2002, p. 27.

35. Arturo Warman, Secretario de Estado durante el gobierno de Carlos Salinas, escribió varios artículos en la prensa nacional en contra de los zapatistas y fue asesor en esta materia de la Presidencia de la República.

36. Bertrand de la Grange y Maite Rico: *La genial impostura*, Nuevo Siglo/Aguilar, 1998.

37. Mario Vargas Llosa: *El País*, 1998.

38. Roger Bartra escribe en un Perfil de *La Jornada*, 31 de agosto de 1997, un artículo denominado «Violencias indígenas», en el que plantea sus objeciones con respecto a las autonomías indígenas. En esta ocasión le respondieron varios intelectuales que simpatizan con los zapatistas, entre ellos, Luis Hernández Navarro.

39. Me tocó en un momento dado de la fundación partidista redactar lo referente a la posición del PRD en cuanto a las autonomías de los pueblos indios. En este sentido, formalmente el PRD sostenía el apoyo a esas autonomías. El problema es que en la realidad del partido, tanto en las Cáma-

ras como en su accionar a nivel regional y nacional, estas posiciones se tradujeron en políticas congruentes, quedando solo como un factor declarativo.

40. «Se le retira al gobierno federal la custodia de la Patria. La bandera de México, la Ley Suprema de la Nación, el Himno Mexicano y el Escudo Nacional, estarán ahora bajo el cuidado de las fuerzas de resistencia hasta que la legalidad, la legitimidad y la soberanía sean restauradas en todo el territorio nacional». Tercera Declaración de la Selva Lacandona.

41. En este sentido Onésimo Hidalgo Domínguez asevera que una diferencia entre ciertas organizaciones chiapanecas «[...] se deriva de su modo de relacionarse con el gobierno: "Mientras el EZLN se mantiene al margen de los gobiernos estatal y federal, y fortalece su resistencia civil, otras organizaciones se asocian a proyectos productivos". Esto determina diferentes formas de construir la autonomía. Con base en este argumento, Hidalgo explica los conflictos comunitarios entre municipios autónomos y militantes de alguna de las tres ARIC (Asociación Rural de Interés Colectivo: Unión de Uniones, Oficial e Independiente); del PRI (CNC, UCIAF, Paz y Justicia), de la Coordinadora Nacional de Pueblos Indios (CNPI), la Central Independiente de Obreros Agrícolas y Campesinos (CIOAC en sus dos expresiones), las Regiones Autónomas Pluriétnicas (RAP), y en particular, la Organización Regional de Caficultores de Ocosingo (ORCAO). Con excepción de los priístas, estos grupos "antes fueron aliados del zapatismo y hoy han llegado a enfrentamientos violentos"». Herman Bellinghausen y Alfonso Urrutia: «Autonomía indígena en marcha», *La Jornada,* México D.F, 10 y 12 de agosto de 2003.

42. Comunicado de prensa del Municipio Autónomo Primero de Enero, 6 de abril 2002, difundido por Enlace Civil, A. C.

43. Onésimo Hidalgo manifiesta que en la zona norte de Chiapas se han agudizado los conflictos entre los que militan en el PRD y los desplazados de las bases de apoyo zapatistas y asevera que «El reciente acuerdo de paz, firmado el 26 de abril en Sabanilla entre la organización paramilitar Paz y Justicia, la Unión de Comunidades Indígenas, Agropecuarias y Forestales (UCIAF) y delegados de la Iglesia católica, genera un conflicto entre zapatistas e Iglesia católica, ya que esta última cae en la trampa de asumirse como parte del conflicto». Asimismo, asegura que si no se desarma a los paramilitares «el conflicto cambia de terreno, pero sigue latente». Ibíd.

44. Sin embargo, aquí cabe señalar que las agresiones iniciales son orquestadas y realizadas por miembros de las organizaciones filoperredistas como ORCAO y Kichiañob, las cuales ejecutan sus operaciones contrainsurgentes de manera violenta (asaltando y secuestrando con machetes a los campesinos zapatistas, quemando y robando sus propiedades), de tal suerte que la mascarada gubernamental pretende proyectar la idea de que los conflictos generados por la contrainsurgencia son simples «con-

flictos entre organizaciones». Bellinghausen ha reportado que: «mientras para los zapatistas las tierras son comunales, compartidas por la ORCAO y el municipio autónomo Ernesto Che Guevara, los Cafeticultores perredistas pretenden titularlas individualmente, o sea, llevarse su parte. Y es que necesitan esta "privatización" para recibir créditos y proyectos productivos del gobierno», Hermann Bellinghausen: «Continúa la impunidad hacia paramilitares y la guerra de baja intensidad», en *La Jornada*, 6 de noviembre de 2001.

45. Hermann Bellinghausen: «La ARIC-Independiente pidió apoyo castrense para tomar cuatro poblados», en *La Jornada*, 8 de mayo de 2002.

46. Carlos Marín: «Plan del Ejército en Chiapas, desde 1994: crear bandas paramilitares, desplazar a la población, destruir las bases de apoyo del EZLN…», *Proceso*, no. 1105, México D.F., 4 de enero de 1998, p. 1.

47. Ver el blog: (www.acteal97.com). Esta acción judicial provocó el desmantelamiento de la Fiscalía, el cese de su personal y la entrega del expediente a la Procuraduría General de la República.

48. Michel Chossudovsky: «¿Quién se beneficia del comercio de opio afgano?», La Haine, 5 de octubre de 2006.

49. Michael Gallant Smith: *Veneno*, no. 1, abril de 1997.

50. *Comunicación electrónica:* 25 de enero de 2012.

51. *Pueblos mágicos, reglas de operación,* SECTUR.

52. *Empresas mineras, apropiación territorial y resistencia campesina en México,* Octavo Congreso Latinoamericano de Sociología Rural, Brasil, 2010.

Capítulo 4. La democracia como proyecto, proceso y método

1. Centro de Reflexión y Acción social «26 hipótesis acerca de las prácticas populares, hacia la elaboración de una estrategia de lucha social transformadora», febrero de 1994.

2. Cándido Grzybowski, sociólogo, Director de Políticas Públicas del Instituto Brasileño de Estudios Sociales (IBASE por sus siglas en portugués) «Presión política, movilización social, lobbying». Copia de mimeógrafo.

3. Por sectores marginados y excluidos estamos entendiendo el amplio conglomerado de clases y sectores sociales —organizados o no—, afectados en su nivel de vida por el sistema capitalista, en particular, por el modelo neoliberal: clases medias, pequeños y medianos empresarios, obreros, campesinos, indígenas, pobladores pobres de la ciudad, etc. También consideramos aquí aquellos sectores y grupos de interés cuyas demandas centrales no pueden ser satisfechas por el sistema en su conjunto: mujeres, ecologistas, migrantes, ciudadanos con demandas democráticas y de derechos humanos, entre muchos otros.

4. Cándido Grzybowski: op. cit.
5. Julio Scherer García: «La entrevista insólita», *Proceso*, 11 de marzo de 2001, p. 12.

Capítulo 5. Conclusiones a manera de tesis

1. Me refiero al Proyecto con el acrónimo de *Latautonomy* que se desarrolló entre 2001 a 2005 bajo la coordinación del instituto Ludwig Boltzmann para América Latina, de Viena, Austria, con la hipótesis central sintetizada en: «Autonomías multiculturales en América Latina: una condición necesaria para el desarrollo sustentable». Este proyecto fue financiado y auspiciado por la Dirección General de Ciencias y Tecnología de la Unión Europea y llevado a cabo en ocho países: México, Nicaragua, Panamá, Bolivia, Ecuador, Brasil, España y Rusia. Leo Gabriel y Gilberto López y Rivas: *Autonomías indígenas en América Latina: nuevas formas de convivencia política*, México: UAM-Plaza y Valdés, 2005. Leo Gabriel y Gilberto López y Rivas: *El universo autonómico: propuesta para una nueva democracia*, México: UAM- Plaza y Valdés, 2008.

2. Al respecto la hipótesis de Latautonomy afirma: «Hipótesis de Territorialidad: Cuando mayor es el control de un sistema o sujeto autonómico sobre un determinado territorio, menor es el peligro de una destrucción masiva de los recursos naturales y, por lo tanto, más grande la sostenibilidad del sistema. Los factores más importantes que conducen a la apropiación del territorio por el sujeto autonómico son: a) Conocimientos específicos sobre la utilización de los recursos naturales ("conocimiento local"); b) La cohesión social sobre la base de un bien común culturalmente definido ("capital local") y c) La autonomía política en los procesos de decisión. Relación Investigada: Territorialidad –Autonomía. Fórmula Breve: Territorialidad = autonomía política + Cultura». Ibíd.

3. Latautonomy desarrolla así su hipótesis: «Hipótesis de la Interculturalidad: Cuanto mayor es el grado de multi o interculturalidad, mayor es la posibilidad del sujeto autonómico de consolidarse como fuerza pluriétnica y de conseguir la autonomía político-jurídica por la vía de la negociación con el Estado nacional. El diálogo intercultural es a la vez condición y consecuencia para un diálogo político, que debería llevar finalmente al reconocimiento jurídico de la autonomía por parte del Estado nacional. Relación Investigada: Interculturalidad-Política. Fórmula Breve: Interculturalidad = + Reconocimiento Jurídico*. Ibíd.

4. Ver «Antropología y los pueblos indígenas de México», en Gilberto López y Rivas: *Autonomías: democracia o contrainsurgencia*, México: Editorial ERA, 2005, pp. 13-28.

5. Latautonomy sostiene al respecto: «Hipótesis de la red. La sostenibilidad de un sistema autonómico depende de su capacidad de vincular el nivel de las comunidades locales con una estructura regional de manera horizontal e interactiva. A través de un proceso de integración desde abajo, se deben crear estructuras políticas económicas participativas que se articulan tanto en el interior de las autonomías multiculturales como hacia fuera, generando un proyecto de sociedad alternativa. Esta hipótesis se pronuncia en contra de cualquier localismo etnocentrista y en contra de las representaciones jerárquicas que impiden el desarrollo de mecanismos participativos en la toma de decisiones políticas. Relación Investigada: Política-Cultura (Democracia Participativa). Fórmula Breve: Red de Comunidades Locales = Estructura Regional». Leo Gabriel y Gilberto López y Rivas. *El universo autonómico: propuesta para una nueva democracia*, ob. cit.

6. Monique Munting: «Radiografía de la autonomías multiculturales en América Latina». Ibíd.

7. Pablo González Casanova, en un importante texto titulado «Con los pobres de la tierra» presentado con motivo del aniversario 25 de *La Jornada*, 16 de septiembre de 2009.

8. *La Jornada*, noviembre del 2007.

GILBERTO LÓPEZ Y RIVAS. Antropólogo, ensayista y político mexicano, es profesor-investigador del Instituto Nacional de Antropología e Historia, doctor en Antropología por la Universidad de Utah, de los Estados Unidos, maestro en Ciencias Antropológicas por la Universidad Nacional Autónoma de México (UNAM) y la Escuela Nacional de Antropología e Historia (ENAH), miembro del Sistema Nacional de Investigadores (SNI), e investigador titular del Centro Regional INAH-Morelos, en Cuernavaca. Ha tenido una activa vida política, en la cual se destacan su participación en el movimiento estudiantil de 1968 y su elección como jefe del Gobierno del Distrito Federal en la Delegación Tlalpan, en el período 2000-2003. Integró la Comisión de Concordia y Pacificación (Cocopa) y se ha desempeñado como diputado federal de la LIV y LVII Legislaturas del Congreso de la Unión. En 1987 se le otorgó la Medalla Roque Dalton. Participó en la Cruzada Nacional de Alfabetización (1980) y asesoró al Gobierno de Nicaragua en Cuestión Indígena y Autonomía de 1980 a 1990. Fue consejero del Ejército Zapatista de Liberación Nacional (EZLN) durante el proceso de diálogo que resultó en la firma de los Acuerdos de San Andrés, y es integrante de la Comisión de Intermediación para el diálogo entre el Ejército Popular Revolucionario (EPR) y el gobierno de México. Es articulista de *La Jornada*, y publica sistemáticamente en periódicos y revistas especializadas. Es autor y editor de múltiples libros.

Seven Stories Press
Jon Gilbert
140 Watts Street
US-NY, 10013
US
https://www.sevenstories.com
jon@sevenstories.com
510-306-6987

The authorized representative in the EU for product safety and compliance is

Easy Access System Europe
Teemu Kontttinen
Mustamäe tee 50
ECZ, 10621
EE
https://easproject.com
gpsr.requests@easproject.com
358 40 500 3575

ISBN: 9781925019148
Release ID: 153010840

www.ingramcontent.com/pod-product-compliance
Lightning Source LLC
Chambersburg PA
CBHW030818270326
41928CB00007B/785